Paul Bühre
Teenie Leaks

Paul Bühre

Teenie Leaks

Was wir wirklich denken
(wenn wir nichts sagen)

Ullstein

Sämtliche Illustrationen im Innenteil stammen vom Autor, außer auf S. 129 (© Oskar Bühre).

ISBN: 978-3-550-08101-9

3. Auflage 2015
© 2015 by Ullstein Buchverlage GmbH, Berlin
Alle Rechte vorbehalten
Gesetzt aus der Berling Nova und Trade Gothic
Satz: LVD GmbH, Berlin
Druck und Bindearbeiten: GGP Media GmbH, Pößneck
Printed in Germany

Inhalt

1
Gruppendynamik und was wirklich passiert
in einer Schar Jugendlicher, die scheinbar
fröhlich durch die Gänge ihrer Schule tobt   Seite 9

2
Soziale Netzwerke – Was in unseren Köpfen
vorgeht, wenn wir auf unsere Handys starren,
statt draußen an der frischen Luft Fußball
zu spielen   Seite 31

3
Optik oder warum bei Jungs die Unterhose
nicht mehr aus der Hose guckt. Und warum
Mädchen sexy aussehen, aber nicht mit den
Konsequenzen leben wollen   Seite 45

4

Alkohol und Drogen: Wie Leute drauf sind,
deren Eltern gekifft haben und die mit einer
Fernsehserie aufgewachsen sind, in der
ein Chemielehrer Drogen kocht   Seite 59

5

Computerspiele oder warum Noobs keine
Killing Sprees haben und Spiele gar nicht so
schlecht sind, wie alle immer sagen   Seite 73

6

Sex, Porno und, ja,
das gibt's bei uns: Liebe   Seite 93

7

Schule und Sinn und warum es doch gut
wäre, wenn manche Lehrer ein bisschen
mehr so wären wie der drogenkochende
Chemielehrer aus Kapitel 4   Seite 111

8

The Blue Skeletons of November –
unsere Musik   Seite 125

9
Und gebt mir bitte, bitte keine bescheuerten
Namen – Konflikte mit Eltern　　　Seite 139

10
Erziehungsmethoden und ein paar
einfache Erziehungstipps aus Sicht
eines Betroffenen　　　Seite 157

11
Pubertäre Stimmungsschwankungen:
Wie ernst man sie nehmen sollte　　　Seite 169

12
Ich und die anderen: Ja, es gibt Dinge,
die uns wichtig sind　　　Seite 179

Dank　　　Seite 189

1

Gruppendynamik
und was wirklich passiert
in einer Schar Jugendlicher,
die scheinbar fröhlich
durch die Gänge
ihrer Schule tobt

Nichts, aber auch wirklich nichts ist verwirrender als die unterschiedlichen Gruppen in meiner Schule. Die meisten Erwachsenen sehen, wenn sie an die Schule ihrer Kinder denken, fröhliche Jungen und Mädchen vor sich, die durch die Gänge toben oder auf dem Pausenhof Fußball spielen. Dies ist aber nur ein kleiner Teil dessen, was sich in diesen Gemäuern abspielt. Jeder Tag ist ein Kampf um Prestige und Anerkennung. Ein Ringen um Ehre und Macht. So ähnlich wie bei *Game of Thrones*. Nur halt ohne Schwerter und Drachen, sondern mit WhatsApp und 1000-Meter-Läufen.

Unter den ungefähr dreißig Kindern in meiner Klasse kann ich so drei Gruppen klar unterscheiden. Der Rest ist mir zu kompliziert, da selbst diese Gruppen wieder Untergruppierungen haben.

Also einmal gibt es die Gruppe A. Sie ist die oberhammer-geilste-krasseste Gangster-Antischul-Gruppe, in die alle reinwollen und in der ich natürlich höchstpersönlich und zu meiner eigenen Überraschung vertreten bin. Die Antischulhaltung ist bei der Gruppe so um die drei Jahre alt. Davor, also etwa bis zur 7. Klasse, haben einige von uns sich noch angestrengt für Arbeiten, haben gelernt, geschleimt, Hausaufgaben gemacht oder wenigstens abgeschrieben. Der Rest sah die Lehrer schon damals als personifiziertes Böses an und lernte nur sehr widerwillig, aber wenigstens hat er noch gelernt. Doch das ist lange her. Heute sind in dieser Gruppe die coolen Kinder, die schlechte Noten schreiben, Lehrer scheiße finden, die Schule sowieso, ihre Eltern oberpeinlich, die konsum- und markengeil und sportlich sind, gerne zocken (nicht die Hardcore-Gamer, die sind woanders), Seriensuchties sind, Filmsuchties sowieso, Facebook-Video-Gucker und -Liker, Frauenwitze-Reißer, die Angeber, Leute mit teuren Smartphones, die, die Ahnung von Musik haben oder auch nicht, die Partymacher, die Pubertären, Superreifen, Deo-Sprüher ... Wie ich in die Gruppe gekommen bin, erkläre ich später.

Jetzt erst mal zu Gruppe B. Man kann sich ja denken, wer sich in dieser Gruppe so tummelt: alle die, die in Gruppe A nicht reinkommen, also Spätpubertierende, Weicheier, Nerds. Wirklich nichts gegen Nerds, ich mag Nerds. Bin selber einer, nur halt nicht von der Sorte Physik-Nerd, sondern eher von der Sorte Superhelden-Comics-*Star-Wars-Herr-der-Ringe-Harry-Potter-Game-of-Thrones*-Bücherratte. Bücherratte, nicht Bücherwurm. Auch das ist eine wichtige Unterscheidung, denn beide Begriffe bezeichnen völlig unterschiedliche Lesevorlieben: Ein Bücherwurm ist jemand, der sich langsam, über Jahre hinweg, ohne Unterlass, jede Woche mühsam durch ein Buch quält, und wenn er kein Buch mehr hat, kläglich verendet. Eine Ratte dagegen kann Monate ohne Bücher auskommen, dann aber in wenigen Tagen genauso viele verschlingen wie der Wurm. Hat man sich den Wanst so zugeschlagen, hat man für mindestens einen Monat erst mal genug von Büchern. Jedenfalls lasse ich mir von den Nerds aus der Gruppe B, den richtigen Nerds, zum Beispiel sehr gerne Mathe, Bio, Physik, Chemie oder Musik erklären – Sachen, von denen ich halt keinen Plan hab. Im Gegenzug mal ich ihnen etwas auf ihr Bild in Kunst oder sag ihnen, mit wie vielen Beinen man beim Weitsprung abspringen muss, um besonders weit zu kommen. (Wen es interessiert: Man springt mit einem Bein ab.) Die Gruppe B hat außerdem viel mehr Mitglieder als die Gruppe A, da die Aufnahmekriterien nicht so streng sind. Aber auch in Gruppe A gibt es natürlich einen Inner und Outer Circle.

Außerdem sind in Gruppe B noch die, die nach einer schlechten Note in Tränen ausbrechen – aus Angst vor ihren Eltern oder aus so was wie Enttäuschung. Denen ist die Schule also noch sehr wichtig, obwohl die sogar hier zu einer extremen Minderheit zählen. Ich meine, wir sind zehnte Klasse, was erwartet man denn von uns? Das sind auch die, die voller Elan auf den Hof rennen und begeistert »Fußbaaaaall!!« schreien, wenn die Pausenklingel schrillt. Eine Unternehmungslust, wie sie in Gruppe A nur noch selten vorkommt und, wenn doch, meist auch schnell im Keim erstickt wird.

Dann gibt es noch eine dritte Gruppe, die Gruppe x47MKKD89SY. Sie ist, wie der Name schon sagt, kompliziert und ein wenig anders als der Rest. Sie besteht aus allen weiblichen Angehörigen meiner Klasse. Warum ich die alle in einen Topf schmeiße, ist ganz einfach: Bei den Mädchen ist immer alles in Bewegung. Freundschaften werden an einem Tag geschlossen, und gleich am nächsten Tag wird gelästert, oder es gibt Streit. Jede misstraut jeder, außer der besten Freundin, die wiederum aber ... – ihr wisst, was ich meine. Es ist ein Dschungel aus Lügen, Verschwörungen, Geheimnissen, Dramen, Tränen, Angst, Wut und einer Ladung Action, ein echter Thriller halt. Aber auch bei den Mädchen gibt es natürlich unterschiedliche Typen: die Kaugummikauerinnen, die immer gestresst und gelangweilt gucken; die, die rumkreischen, wenn sie ein Insekt sehen; die, die immer kichern; die, die sich schminken (Mehrheit); die, die sich nicht schminken (Minderheit). Dann noch solche, die keinen Sport machen, weil das ja ihre Frisur zerstören könnte und sie dann eklig schwitzen würden, und die, die sich in jeder Pause kämmen; die, die immer reden und in jeder Stunde ermahnt werden; die Schüchternen; die Emotionalen ... einfach alle Typen sind vertreten, aber zu richtig festen Gruppen schließen sie sich, ähnlich wie Gasmoleküle, nach meiner Beobachtung nicht zusammen.

Am Beispiel einer 15-Minuten-Pause kann man gut sehen, wie unterschiedlich sich die einzelnen Gruppen verhalten: Häufig streiten sich in einer Stunde wie Chemie, Mathe oder Physik zwei Leute aus Gruppe B über irgendwas. Die Formel zur Photosynthese oder die Endlichkeit der Unendlichkeit zum Beispiel. Halt Sachen, denen der Normalmensch nicht viel Wichtigkeit beimisst. Dann ist die Stunde zu Ende, und die Diskussion geht in der Pause weiter. Dort kommt man meistens zu dem Schluss, dass ein Lehrer als Schiedsrichter wirken und sagen soll, wer recht hat, damit der Gewinner daraufhin laut »Ha! Hab ich's dir doch gesagt, Tom!« schreien kann. Das zieht dann manchmal sogar Schaulustige an, natürlich fast alle aus Gruppe B.

Die emotionalsten Diskussionen aber sind die zwischen einem Jungen und einem Mädchen, weil sich dann meist alle Jungen auf eine Seite stellen und alle Mädchen auf die andere. Typische Themen: Ist Reiten ein Sport? Warum vegan essen, wenn man doch grillen kann? Welche Musiker sind cool, welche nicht? Das ist eine der wenigen Situationen, in denen sich die Gruppen A und B einig sind, denn es gilt, einen gemeinsamen Feind zu bekämpfen. Die Jungen reißen dann irgendwelche blöden Witze, um die Mädchen zu provozieren, worauf diese nur mit »Haha, sehr lustig« antworten und extrem ernst und erwachsen gucken. Die Mädchen nehmen sowieso immer alles viel zu ernst und sind dann auch noch nachtragend. Aber solche Diskussionen passieren leider nur selten.

Der Normalfall ist, dass Gruppe A und Teile von Gruppe B in der Pause gar nicht diskutieren, sondern versuchen, drinnen zu bleiben, um Hausaufgaben abzuschreiben, Handyspiele zu zocken, Videos zu gucken oder um sich generell vor den extremen Witterungen zu schützen.

Die Gruppe A verlässt den Raum sowieso nur, wenn sie von einem autoritären Lehrer dazu aufgefordert wird. Sonst tut sie dies nur, um wichtige Besorgungen in der Mensa zu machen.

Gruppenmitglied 1: »Hey, lass mal in die Mensa gehen, ist voll langweilig hier.«
2: »Ja, lass mal machen.«

So kann es vorkommen, dass die ganze Gruppe sich eine Pause lang in der Schlange anstellt, nur um festzustellen, dass niemand was kaufen wollte. Manchmal gehen wir auch raus, aber nur sehr kurz:

1: »Lass mal rausgehen.«
2: »O. k.«
1: »Lass mal wieder reingehen.«
2: »O. k.«

Die Gruppe B spielt in der Zeit meistens auf dem Schulhof Fußball und kommt dann ganz erschöpft wieder. Wir sind da energiesparender ausgelegt.

Nichts tun ist sowieso meistens cooler als irgendwas machen, Schule ist doch schon anstrengend genug.

Was die Mädchen in der Zeit machen? Die gehen auf den Schulhof, setzen sich in einen Kreis, schreiben auf ihrem Handy und reden. Die ganze Pause. Die Größe des Kreises variiert zwar, aber das ist der Normalfall. Und wenn ich Handy sage, dann meine ich nicht spielen, sondern schreiben. Reden und schreiben, das tun sie am liebsten. Mädchen spielen keine Spiele. Noch nicht mal *Temple Run* oder *Doodle Jump* oder solche harmlosen Sachen. Nichts. Ich glaube, sie finden es kindisch. Die sind da lieber erwachsen und gucken dann zu Hause das supererwachsene und spannende *High School Musical* mit Zac Efron.

Jetzt noch zur Frage, wie ich in Gruppe A gekommen bin und was ich da überhaupt zu suchen habe. Dazu muss man ein bisschen zurückspulen. Als ich in der 5. Klasse auf meine Schule gekommen bin, haben ziemlich viele Rugby gespielt, also hab ich es auch versucht. In den ersten drei Jahren hat es auch richtig Bock gemacht. So was schweißt schon zusammen. Die Siege und Niederlagen, Verletzungen, Fahrten zu Turnieren bis nach Schweden oder Irland … Und ein Teil von Gruppe A besteht nun mal aus Rugby-Spielern, von daher ergab sich der ganze Rest von selbst. Wer kein Rugby-Spieler ist und trotzdem in Gruppe A kommen möchte, sollte einfach so tun, als wäre es ihm völlig egal, in welcher Gruppe er ist. Und sich nicht verbissen darum bemühen, besonders lustig oder so was zu sein.

Was ich in Gruppe A zu suchen habe, ist also schon mal halbwegs geklärt. Um zu beschreiben, welche Rolle ich innerhalb meiner Gruppe einnehme, habe ich mir mal den Wikipedia-Artikel zum Thema Gruppendynamik durchgelesen und mich darin tatsächlich wiedergefunden. Es gibt einmal den Anführer (Alpha), der bin ich definitiv nicht. Dann gibt es noch den Gegner, Gegenüber oder einfach Opfer, genannt »G«, das bin ich auch nicht. Ich bin auch nicht Beta, der Berater von Alpha, oder Gamma (einfaches Mitglied, Mitläufer). Ich bin Omega. Omega hat bei Wikipedia den meisten Text, also ist er der Krasseste. Um meine wichtige Rolle zu erklären, hier ein kleiner Dialog der Mitglieder von Gruppe A:

Alpha: »Hey, G, was ist mit deinen Haaren los?«

Gegner: »Hä wieso, was soll denn los sein. Ist da was?«

Alpha: »Du hast Wixe in den Haaren, genau hier!« (Schnippst demonstrativ gegen das Ohr von Gegner. Die Geste soll das Opfer provozieren und führt meist zu einer Schnips-Vendetta. Ein Schnipser gegen das Ohr sieht harmlos aus, tut aber wirklich weh.)

Gammas: »Haha, voll ins Ohr gefickt. Geil, Alpha.«

Omega betrachtet alles schweigend, doch in seinem Inneren fängt es an zu brodeln.

Beta, Alphas Speichellecker Nr. 1, erscheint plötzlich aus dem Nichts, schnappt sich die Federtasche von Gegner und wedelt mit ihr wie mit einer Trophäe herum.

In Omegas Körper spannt sich jeder Muskel. Aber noch greift er nicht ein.

Gegner: »Mann, Beta, gib meine Federtasche wieder her!!«

Beta (in Richtung Gammas): »Habt ihr das gehört? Er will sie wiederhaben!!!« Seine Augen funkeln jetzt.

Vor Omegas innerem Auge verwandelt sich Beta, den er als netten Jungen kennt, in ein Ungeheuer. Mit schreckenerregender Geste hebt Beta seine Hand und richtet sie anklagend auf Gegner, der flehend zu Alpha hinaufschaut. Der aber scheint völlig gelangweilt und mit unbewegter Miene durch ihn hindurchzublicken.

Jetzt kommt Omegas Einsatz, also meiner! Omegas Gemütszustand hat den kritischen Wert überschritten. Mit energischem Schritt geht er auf Beta zu. Er würde ihm jetzt schrecklich gerne eine runterhauen, merkt aber, dass er Beta nicht einfach eine kleben kann, weil dieser ihm so direkt nichts getan hat und Beta selber eigentlich nur ein schwacher, unsicherer Junge ist, der ihm schon wieder leidtut. Omega atmet einmal tief durch und wendet sich mit beinahe gleichgültiger Stimme an Alpha: »Könntet ihr bitte aufhören und ihm seine Federtasche wiedergeben??«

Alpha, der mittlerweile desinteressiert auf seinem Stuhl kippelt: »Ich hab sie doch gar nicht. Sag's doch Beta.«

Omega seufzt genervt und dreht sich zu Beta um: »Kannst du ihm bitte seine Federtasche wiedergeben?«

Beta: »Boah, Mann, Omega, ist doch nur Spaß.«

Omega guckt ihn an, bis Beta schließlich mit den Schultern zuckt, die Augen verdreht und die Federtasche Gegner zuwirft.

Alle Gammas: »Boah, Omega, musst du denn immer alles so ernst nehmen?«

Ja, tut mir wirklich leid, dass ich so ein Spielverderber bin, aber wenn man selber in so eine Situation kommt, möchte man doch auch, dass einem geholfen wird. Kein Wort der Dankbarkeit von Gegner. Nicht, dass Omega das erwartet hätte, aber ein wenig enttäuscht ist er trotzdem. Vor allem, als Gegner und Beta am nächsten Tag Rollen tauschen und Gegner sich mit Freude über Beta hermacht. Irgendwie ist jeder mal dran, und niemand scheint zu merken, dass er es auch genauso gut selber sein könnte, den alle schikanieren. Rollentausch geht schneller, als man denkt.

Natürlich gibt es auch ein paar Leute, auf die sich die Gruppe schon eingeschossen hat. Vielleicht reagieren sie übertrieben auf Provokationen, sind

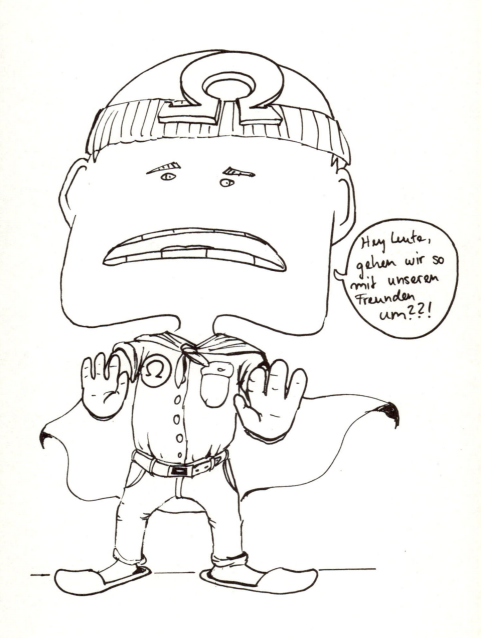

schlecht in Fußball oder zu gut in der Schule und reiben allen unter die Nase, dass sie für die Eins gar nicht gelernt haben. Oder sie sind einfach schüchtern und lassen sich zu viel gefallen.

Sich aus so einer Situation wieder herauszumanövrieren, ist schwer. Eltern oder Lehrer oder gar Streitschlichter, wie es sie an manchen Schulen gibt, werden nur selten hinzugezogen. Durch die Trampel wird es meistens nur noch schlimmer, und die Feinde hassen einen nur noch mehr.

In der Schule ist zwar immer die Rede von Mobbing oder auch Cybermobbing, und dauernd muss man irgendwelche Zettel unterschreiben, dass man sich an die Regeln hält. Aber diese Unterschrift erscheint mir ein bisschen wie eine Art Ausrede für die Schüler und die Schule. Wieso Mobbing? Nein, Mobbing gibt es hier nicht! Steht auf einer Urkunde in der Eingangshalle, und alle haben unterschrieben.

Wenn es doch passiert, ist es das Beste, Leuten, die sich immer über andere erheben müssen, aus dem Weg zu gehen und so wenig wie möglich auf sie zu reagieren. Was man dabei aber beachten muss, ist, dass nicht alle so drauf sind. Also, wenn jemand einfach nur überraschend »Hallo« zu dir sagt und es vielleicht gar nicht provozierend meint, ist »Sehr lustig« oder »Lass mich in Ruhe« die falsche Antwort.

Kommt aber jemand an und ist eindeutig auf Ärger aus, dann nimm ihn dir allein beiseite, ohne die Gruppe, und erklär ihm ehrlich, wie du dich dabei fühlst, und bitte ihn einfach, dich in Ruhe zu lassen. Es ist ein schmaler Grat, aber wenn du alle abweist aus Angst, verletzt zu werden, dann stehst du am Ende ganz alleine da.

2

Soziale Netzwerke –
Was in unseren Köpfen
vorgeht, wenn wir auf
unsere Handys starren,
statt draußen an der
frischen Luft Fußball
zu spielen

Es gibt sie jetzt schon seit geraumer Zeit: eine Spezies des Jugendlichen, die den Erwachsenen eigentlich die liebste sein dürfte. Eine Spezies, die nicht herumgrölt oder einem um sechs Uhr morgens die U-Bahn vollkotzt. Zwei Scheiben bedecken ihre Ohren. Zwei Kabel gehen davon aus und münden in ein Smartphone. Wahlweise werden darauf Handyspiele wie *Temple Run, Doodle Jump* und *Headsoccer* gespielt. Das Gesicht ist konzentriert, genervt, aggressiv oder gelangweilt, je nachdem, ob man einen neuen Rekord aufgestellt hat, kurz davor gescheitert ist oder ob es einem einfach extrem langweilig ist. Insgesamt checkt man so ziemlich immer, wenn man nichts zu tun hat, sein Handy. Mein Kumpel Bartholomäus (Name geändert, ist ein ganz schlimmer Fall) zum Beispiel. Mit dem kann man keine drei Minuten reden, ohne dass er piept, klingelt oder blinkt und auf irgendwelche Nachrichten auf WhatsApp antwortet. Das nervt.

Selbst in den Hofpausen wird weniger Fußball gespielt als in der Grundschule, weil viele auf ihrem Handy rumdaddeln oder Snapchat-Bilder verschicken. Die Idee von Snapchat ist simpel: Man macht ein Foto, schickt es seinen Freunden, die es sich für vielleicht fünf Sekunden angucken können, bevor es sich wieder löscht. Man versucht, die Leute so zu erwischen, dass sie auf den Bildern so blöd wie möglich aussehen, dazu schreibt man etwas Lustiges oder malt einen kleinen Penis auf das Bild.

Kommen wir also zum Internetverhalten eines Jugendlichen, und beginnen wir mit Facebook. Andere relevante Netzwerke gibt es nicht. (Außer Instagram für die eher künstlerisch Angehauchten, wo man interessant verfremdete Bilder von seinem Essen oder seinem Haustier hochladen kann. Aber auf Instagram sind die Leute aus meiner Klasse eher weniger, während Facebook von neunzig Prozent der Schüler genutzt wird – dem Rest wird Facebook von den Eltern verboten. Wozu das führt, darauf komme ich später zurück.)

Ich werde jetzt erst mal versuchen, ein paar positive Aspekte von Facebook aufzuzählen. Man kann sich total leicht mit Freunden verabreden (anstatt sie einfach anzurufen). Facebook hilft dir, wieder Kontakt mit Leuten aufzunehmen, von denen du ewig nichts gehört hast (vielleicht wird einem dann langsam auch wieder klar, warum man keinen Kontakt mehr hat). Auf Facebook werden ständig kleine Videos hochgeladen, ein paar sind wirklich lustig, wie zum Beispiel das von dem kleinen Baby, das »Oh, hello motherfucker!« sagt. Andere sind weniger lustig bis eklig. Ja, eklig, und zwar auf jede Weise: pornografisch, brutal oder eine Mischung aus beidem. Die werden aber recht schnell von Facebook gelöscht, keine Sorge. Außerdem kann man die ganze Welt wissen lassen, dass man jetzt in einer Beziehung mit Karla Knoblauch ist. Was auch praktisch an Facebook ist: dass man damit ganz einfach mit dem Mädchen seiner Träume in Kontakt kommen kann, selbst wenn man sich nicht wirklich kennt. Schnell eine Freundschaftsanfrage verschickt, mit einem Profilbild, das man vorher mit einem Tönungseffekt verschönert hat, und dann ganz unauffällig anfangen zu chatten.

Junge: »Hi.«
Mädchen: »Hi, kennen wir uns?«
J: »Jetzt schon, wie findest du *Twilight?*«
M: »Edward!!!«
J: »Oder? Voll geil …«

Zwar kenne ich keinen Jungen, der *Twilight* wirklich geil findet, denn es geht darin um zwei Jungen, der eine Vampir, der andere Werwolf, die sich beide um dasselbe unsichere wunderschöne Mädchen prügeln. Der Hauptverehrer heißt Edward, hat perfekte Manieren, ist attraktiv, superstark natürlich auch, kommt aus einem reichen Elternhaus und ist viel erwachsener als die ganzen pubertierenden Pickel-Jungen, mit denen man sich sonst so rumschlägt. Also eine Projektionsfläche für die Wünsche und Träume von Mädchen. Da ist es doch eigentlich auch klar, dass wir Jungs mit Edward und dem anderen nicht besonders viel anfangen können. Aber über Mädchenthemen zu reden ist nun mal der schnellste Weg, um sich beliebt zu machen, und per Chat kann man ja auch leichter lügen, als wenn man genau vor jemandem steht. Außerdem erfordert es viel weniger Mut, als jemanden offen zu fragen, und kommt am Ende sogar besser an. Die gleiche Situation in freier Wildbahn:

Tom trifft auf das Mädchen, auf das er steht, plus ihre acht weiblichen Bodyguards, ohne die sie das Klassenzimmer niemals verlässt.

Tom: »Hi, ich bin Tom.«
Mädchen-Bodyguard 1: »Und?«
Mädchen der Träume: … (Schweigt – zu schüchtern wegen der Freundinnen oder keinen Bock auf Tom, der wahrscheinlich noch nicht mal *Twilight* mag.)
Tom, in Richtung der Bodyguards: »Ich wollt mal mit Penelope alleine sprechen.«
Bodyguard 8: »Sie will aber nicht, stimmt's, Pene?«
Pene, eingeschüchtert von den Bodyguards: »Genau, lass uns gehen.«

Dann doch lieber Facebook.

Und noch was ist gut daran: Auf Facebook kann man wichtige Informationen über das Mädchen seiner Träume sammeln. Wer sind ihre Freunde, welche Musik hört sie, welche Filme mag sie, wohin war sie schon verreist, wer liked ihre Bilder,

wessen Bilder liked sie, und hast du folglich einen neuen Erzfeind? So was nennt man bei uns »stalken«, wobei das nichts mit der extremen Variante zu tun hat, bei der man der Person heimlich auf Schritt und Tritt folgt und versucht, Fotos von ihr zu machen. Man interessiert sich nur für jemanden und möchte die Person näher kennenlernen, ohne dass sie davon erfährt, oder einfach auschecken, was sie so macht.

So, jetzt zur Schattenseite. Was wirklich nervt, sind Leute, die krampfhaft versuchen, auf Facebook wirklich jedem eine Freundschaftsanfrage zu senden, auch wenn sie ihn noch nie gesehen haben, um dann mit ihren dreihundert Freunden angeben zu können. Jungs posieren als Model, Mädchen machen Kussmünder, und dann sind da außerdem diese Leute, die irgendwelche bescheuerten Bilder von sich beim Rauchen machen oder bei Kentucky Fried Chicken und, als wäre das noch nicht schlimm genug, so einen philosophischen Spruch in ihr Profil schreiben, den sie aus Wikipedia rauskopiert haben. Wobei klar ist, dass sie von dem, was da steht, nicht das Geringste verstanden haben können, weil sie gerade erst zwölf sind. »Angenehm ist am Gegenwärtigen die Tätigkeit, am Künftigen die Hoffnung und am Vergangenen die Erinnerung. (Aristoteles)« zum Beispiel.

Insgesamt hat Facebook also ein hohes Nervpotential, weil alle versuchen, sich so toll und cool wie möglich zu präsentieren. Manche posten einfach Beiträge, um andere Leute wissen zu lassen, wie geil ihr Leben doch ist, und dann immer dieses »unbedingt Wiederholungsbedarf«. Boah, freut mich ja wirklich, dass es so toll war, komisch nur, dass ihr, während ihr so richtig hart Party gemacht habt und voll Spaß hattet, Zeit gefunden habt, auf Facebook zu posten.

Was auch nicht wirklich hilfreich ist, sind die für Außenstehende völlig unwichtigen Informationen, die dort verbreitet werden: »Erst mal schön im Boulevard Berlin abhängen und dann mit meiner Allerbesten zu Mäggis« (McDonald's). Ja, super! Schön für euch. Mann, es interessiert mich einen Scheiß. Nein, ich erblasse nicht vor Neid, weil ihr shoppen wart, da geh ich lieber in meinen Comicladen. Ich meine, ich poste doch auch nicht: »Mit meinen Bros Yorckstraße besten Döner ever essen.«

Manche Mädchen haben auch Spaß daran, sich mit ihrer Freundin zu schminken und vor der Spiegelreflex Model zu spielen. So weit alles o. k., wenn sie nicht alles immer auf Facebook posten würden, um dann dort Bestätigung durch Likes und Kommentare zu bekommen:

A: OH NEIN WIE HÜBSCH!!!!!
B: Oh daanke
C: So hübsch!!
D: Allerhübscheste!!
E: Voll modelmäßig!

Das muss einem doch irgendwann zu Kopf steigen. Jungs versuchen natürlich auch, so viele Likes wie möglich zu kriegen. Das Problem für Jungs ist allerdings, dass wir die richtige Dosis finden müssen: Einerseits will man schon geliked werden, andererseits kann man im Gegensatz zu Mädchen auch zu viele Likes bekommen. Ich meine, wenn ein Junge 24 verschiedene Profilbilder von sich macht, auf denen er mit diesem merkwürdig nachdenklichen Blick in die Ferne schaut, kann er damit rechnen, dass die anderen Jungs das nicht gutheißen werden. Weil sie entweder neidisch sind oder weil es ihnen Spaß macht, Leute als *gay* zu bezeichnen. Also, irgendwie beneidet man die Mädchen da doch ein bisschen.

Aber nicht jeder ist nur damit beschäftigt, Likes zu sammeln, es gibt auch noch andere Arten, Facebook zu nutzen:

- Dauernd Leute informieren, was du denkst, fühlst, wo du bist, und sowieso alles mit der Community teilen
- Lustige Videos gucken oder Videos verschicken
- Mit Freunden chatten
- Facebook-Games spielen und dabei ständig Leute bitten, dir Geschenke zu schicken
- Über Veranstaltungen, zum Beispiel des obengenannten Comicladens oder deines alten Sportvereins, auf dem Laufenden bleiben, die man sonst verpassen würde.

Was mich betrifft, ich mülle Leute gerne mit Spiele-Nachrichten zu, weil ich meistens beim Zocken irgendeines Facebook-Spiels bin. Aber es gibt noch schlimmere Sachen. Was auch selten gut ankommt, sind Likes von Eltern oder Kommentare von Eltern. Das ist für die meisten so etwas wie ein Todesurteil oder ein Minuslike.

Seine Eltern, wenn sie denn Facebook haben, als Freunde anzunehmen, ist größtenteils o. k., solange sie nicht aktiv sind und zum Beispiel dauernd neue Profilbilder von sich hochladen oder gar Kommentare auf der Seite ihrer Kinder hinterlassen. »Hey, Schatz, das ist ja ein supertolles Bild!!!! Mein kleines Sternchen! Mein Lieblingsbild!« – absolutes Tabu!

Und wenn einem die Eltern sogar Facebook verbieten?

Dann verpasst man, ehrlich gesagt, gar nicht so viel. Gruppenchats laufen meist nur noch über WhatsApp, und die paar Videos, die auf Facebook rumgeschickt werden, kann man auch auf YouTube gucken. In meiner Klasse ist man auch nicht gleich der krasseste Außenseiter, wenn man kein Facebook hat. Nur wenn man dann auch noch kein WhatsApp hat, wird es schwer, mit Freunden in gutem Kontakt zu bleiben.

WhatsApp, für die, die es nicht kennen, weil sie gerade aus einem fünfjährigen Koma aufgewacht sind oder ein Tastenhandy haben, ist eine App, über die man mit Freunden chatten kann.

Wenn man sich verabreden will oder die Hausaufgaben nicht weiß, dann schreibt man sie sich über WhatsApp. Fast niemand telefoniert mehr. Es ist so natürlich auch viel leichter, eine Verabredung abzusagen, man schreibt einfach schnell: »sry, Mann, leider keine Zeit, muss noch lernen.« Vor allem, wenn man gar nicht lernen muss.

Tastenhandy

Überhaupt ist es so, dass wir ohne Internet eigentlich gar nichts mehr können. Wenn man nach dem nächsten Kaiser's sucht, dann fragt man nicht seine Eltern oder sonst irgendwen. Nein, man fragt Siri oder googelt. Wenn einem langweilig ist, dann spielt man ein Spiel. Wenn man keinen Plan hat, wo man ist, dann benutzt man Google Maps.

Ich selber bin einer von den Leuten, die ihr Handy dauernd zu Hause liegen lassen, also betrifft mich das eher nicht so stark, und bei Handyspielen lösche ich sie immer dann, wenn sie am meisten Spaß machen, weil ich mich nach zwanzig Minuten frage, was ich da eigentlich mache. Aber als wir letztes Jahr mit der Schule in Taizé in Frankreich campen waren, war ich positiv überrascht: zwei Wochen ohne Internet, und keiner hatte Entzugserscheinungen. Wir haben stattdessen Volleyball über eine Wäscheleine gespielt, Fußball mit den Engländern gezockt und sogar gemeinsam gesungen. Zwar haben dann doch alle auf der Busfahrt darüber geredet, was sie alles Tolles mit dem Internet anstellen würden, wenn sie zurück sind (zocken und Filme gucken, und ja, Pornos zum Beispiel), aber in den zwei Wochen haben sich nur wenige ernsthaft beklagt. Und außerdem sind Erwachsene auch nicht besser. Nur weil sie größtenteils unfähig sind, was technische Geräte angeht, sind sie ohne Internet auch nicht viel glücklicher, obwohl sie immer behaupten, dass man es wäre.

3

Optik oder warum bei Jungs die Unterhose nicht mehr aus der Hose guckt. Und warum Mädchen sexy aussehen, aber nicht mit den Konsequenzen leben wollen

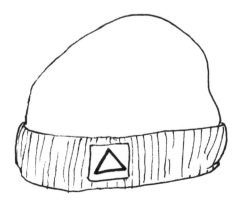

Jugendliche und ihre Looks sind wie Fische. Es gibt einen Schwarm, in welchem jeder eine beinahe exakte Kopie seines Nebenmannes ist oder sich zumindest darum bemüht. Manchmal kommt auch ein ganz toller Hecht angeschwommen und gibt sich als der neue Anführer aus. Der Schwarm mag den Hecht zwar nicht besonders, aber aus irgendeinem Grund folgt er ihm trotzdem. Und dann sind da noch ein paar Außenseiter, mit denen sich der Schwarm erst gar nicht abgibt oder die er ab und zu sogar angreift. Dauernd formiert er sich neu, und immer gilt: Der Anpassungsfähigste überlebt.

Der Hecht lebt den Kodex vor, und zum Kodex muss man sich irgendwie verhalten. Es gibt Leute, die dem Kodex folgen, Leute, die sehr genau von seiner Existenz wissen und mit aller Kraft gegen ihn ankämpfen oder ihn ignorieren oder sich lustig über ihn machen, und natürlich die, die ihn gar nicht erst bemerken.

Hier eine kleine Demo des Kodexes in freier Wildbahn: Pascal kommt neu in die Schule, er ist unsicher und so weiter, weshalb er sich, um in der neuen Klasse akzeptiert zu werden, seine teuersten Sachen anzieht: Schuhe von Nike Air, Socken von

Tommy Hilfiger und hoffentlich auch eine Unterhose von Hugo Boss. (Zu den Unterhosen kommen wir gleich noch ausführlich, bitte Geduld.) Er kennt zwar den Kleidungskodex seiner neuen Schule noch nicht, aber dafür die allgemeingültige Regel: Leute, die Marken tragen, werden in der Gruppe akzeptiert. Was nicht heißt, dass Leute, die keine Marken tragen, nicht akzeptiert werden. Die müssen aber über so etwas wie einen Charakter verfügen oder über nette/nützliche Eigenschaften wie Selbstbewusstsein oder Hilfsbereitschaft, die sich natürlich nicht sofort zeigen, weshalb es für einen Neuling in der Klasse gar keine so schlechte Idee ist, erst mal seine teuersten Sachen aus dem Schrank zu holen.

Kommen wir zu der (kleinen) Anti-Marken-Fraktion: Georg ist neu in der Klasse, er ist unsicher ... er will sofort allen zeigen, dass er auf Marken scheißt oder ihm Bequemlichkeit wichtiger ist. Damit er bei dem kleinen Teil der Klasse, dem es genauso geht, als Anti-Mensch erkannt und in ihre Ränge aufgenommen wird, zieht er sich entsprechend an. Das heißt, er trägt entweder unbekannte Marken oder solche, deren Logo klein oder nicht sichtbar ist. Damit unterscheidet er sich grundlegend von dem Typen, der von der Existenz des Kodexes nicht den blassesten Schimmer hat und wahllos irgendwas anzieht. Zum Beispiel einen schönen Pullunder, den Mama für ihn ausgesucht hat, oder jede andere Form von Kleidung, bei der klar ist, dass kein normaler 15-Jähriger sich diese freiwillig oder sogar auf eigenen Wunsch anziehen würde. (In der Oberstufe kann derselbe Pullunder dann von einem Tag auf den anderen von einem No-go zu einem Must-have mutieren, da er zum eigenen Stil gehört und bewusst gekauft oder gewählt wurde. Das Problem ist bloß, dass wir nicht in der Oberstufe sind, sondern in der Zehnten!) Sie können sich wahrscheinlich vorstellen, was mit jemandem passiert, der aussieht, als hätte Mama bei der Klamottenwahl noch ihre Finger im Spiel. Und wenn nicht, sage ich es Ihnen: Er wird geächtet, geteert, gefedert, vergiftet, ertränkt, verbrannt, erstochen. Kurzum, sein Leben in der Schule wird zum Albtraum. Es ist so, als würdest du mit einem Zettel an deinem Rücken rumlaufen, auf dem steht: Bitte knechten!

Ja, das Leben ist kein Kinderspiel, und alles hat Konsequenzen. Womit wir dann bei den Unterhosen wären. Sie erinnern sich bestimmt noch an die Zeit vor ungefähr zwei Jahren, als alle männlichen Jugendlichen ihre Unterhosen, genauer: karierte Boxershorts, frei zur Schau stellten und ihre Haare ins Gesicht kämmten, wobei ihr Kopf immer so spastisch zuckte? Sie wissen hoffentlich, dass das jetzt vorbei ist und man wieder aus seinem Versteck kriechen kann. Dieses Zurückwerfen des Ponys wurde durch ein Mit-den-Fingern-in-die-Haare-Fahren ersetzt. Die Haare sollen jetzt nicht mehr ins Gesicht, sondern nach oben. Gucken Sie

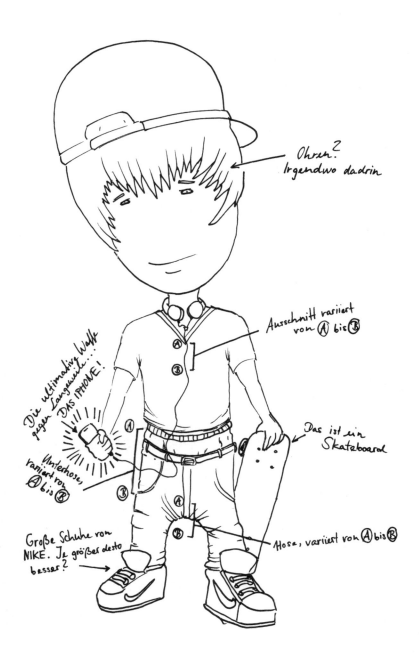

mal bei Justin, oder machen Sie in der S-Bahn die Augen auf, dann wissen Sie, was gemeint ist. Und was die Unterhose betrifft, befindet sie sich heute wieder dort, wo sie hingehört, nämlich unter der Hose. Das hört sich jetzt konservativ an, aber, um ehrlich zu sein, ich habe dieses ganze Unterhosen-Business nie kapiert. Ich meine, man kann so doch gar nicht normal laufen, geschweige denn rennen. Aber das ist nun vorbei. Und die Leute, die immer noch nicht verstanden haben, dass die Ära des karierten Unterhöschens zu Ende ist, laufen nun Gefahr, von ihren Klassenkameraden daran in die Höhe gehoben zu werden. Wobei die Folgen je nach Gewicht mehr oder weniger schwer zu ertragen sind. Also versteckt man seine Unterhose lieber.

Genauso ist es mit dem Pony, der auch auf Justin Bieber zurückgeht. Warum ausgerechnet Justin Bieber so einen Einfluss auf uns Jungs hatte, verstehe ich auch nicht. Den mögen doch nur Mädchen, sagten alle, und doch fand ich mich vor einigen Jahren plötzlich von Justin-Bieber-Miniaturen umzingelt. Die Hosen bis in die Kniekehlen hängend, die Haare eher lang und vorne ins Gesicht gekämmt. Überhaupt spielen Haare eine übertrieben übergeordnete Rolle. Zwar wurde der Bieber-Haarschnitt vom Erfinder höchstselbst durch den Sidecut vernichtet (die Seiten kurz abrasiert, in der Mitte lang und hochgestylt), doch der Schaden ist bereits angerichtet. Spiegelnde Oberflächen wirken wie Magnete, kein Junge geht mehr mit ungestylten Haaren aus dem Haus, und die Hände aus den Haaren zu lassen, fällt vielen noch immer schwer, auch wenn sich mit den abrasierten Haaren an den Seiten gar nicht sonderlich viel anstellen lässt. (Was als Nächstes kommt, weiß ich nicht. Bis jetzt gibt es jedenfalls noch keinen richtigen Nachfolger für Justin Bieber, aber meistens kommt so was, wenn man es am wenigsten erwartet.)

Von den Haaren mal abgesehen, sind Muskeln für Jungs natürlich auch sehr wichtig. Womit soll man die Mädchen mit 15 denn beeindrucken, wenn nicht durch Haarpracht und einen 300-Body? (300 ist ein Film mit Sixpacks, aber ohne Story, in dem es in groben Zügen um eine Armee von 300 halbnackten Griechen geht, die den Persern mächtig eins auf die Fresse gibt, auch wenn sie hoffnungslos unterlegen ist.) Funktionalität ist dabei nicht besonders wichtig, es geht nur um die äußere Erscheinung. Ein Sixpack ist natürlich ein super Start. Des Weiteren trainiert man noch den Bizeps. Wenn man das mit dem Bizeps übertreibt, ist es eher ein leicht prollig wirkender Zusatz, den man von Rappern kennt und somit notfalls in Kauf nimmt. Was natürlich immer gut rüberkommt, ist, wenn man sich in seiner Haut wohlfühlt und sich selbst so akzeptiert, wie man ist, also nicht immer verbissen pumpen geht oder allzu eitel ist.

Was bei uns die Muskeln sind, das sind bei Mädchen, glaube ich, die Haare. Mädchen in meinem Alter haben meist lange Haare und experimentieren gerne damit rum. Manche färben sich die Haare, andere rasieren sich die eine Hälfte ab, Mädchen, die glatte Haare haben, machen sich Locken, Mädchen, die Locken haben, glätten sich die Haare. Viele tragen auch eine Frisur, bei der alle Haare oben auf dem Kopf zu so einer Art Dutt zusammengebunden werden. Der wackelt dann immer hin und her. Ich glaube, es geht einfach darum, alles mal auszuprobieren. Die Ergebnisse sind, vorsichtig ausgedrückt, sehr unterschiedlich, und wenn ich ein Mädchen wäre, würde ich bestimmt auch einiges mit meinen Haaren anstellen.

In der Oberstufe ändert sich, soweit ich es überblicken kann, der Kodex wieder, und es ist wieder cooler, einen eigenen Stil zu haben, als dem Mainstream zu dienen. Die größte Gegenbewegung sind die Hipster, die es vereinzelt schon in der 10. Klasse gibt. Ihr Ziel ist es, dem Geschmack der Masse zu entgehen und etwas ganz »Eigenes« zu tragen, wobei sie so ganz nebenbei einen zweiten Mainstream eröffnet haben: Stiefel, enge Hosen oder Strumpfhosen, Stoffbeutel, Swag-Dreieck, das sind ihre Zeichen. Das Swag-Dreieck ist das, was früher, glaube ich, das Peace-Zeichen war. Es ist ein völlig normales, gleichseitiges Dreieck. Eine Spitze zeigt nach oben. Zum ersten Mal hat mein Bruder es mir gezeigt, und plötzlich sah ich es überall, auf T-Shirts, Pullis, Stoffbeuteln. Wo das Swag-Dreieck auf einmal herkam, weiß ich beim besten Willen nicht, nur dass plötzlich alle angefangen haben,

»Swag« und »Swag-Dreieck« zu schreien. Und jetzt ist es so was wie dope oder cool und so.

Doch nicht nur die Hipster tragen zu enge Hosen, Strumpfhosen und Stiefel, nein, das tun auch die Mädchen. Denn soweit ich das verstehe, ist es vielen Mädchen schon früh wichtig, besonders sexy und erwachsen rüberzukommen, was ich ja nachvollziehen kann, weil, wer will das nicht? Und außerdem sind Mädchen nun mal viel weiter als Jungs und so. Das führt dann dazu, dass viele mit 12, 13 anfangen, sich zu schminken (nichts gegen Schminke, Schminke ist toll – nur mit 12?), Leggins tragen, Hot Pants, T-Shirts mit Ausschnitt, T-Shirts mit Löchern, T-Shirts zum Durchgucken … Find ich alles toll, aber soll ich das toll finden, soll ich da hingucken?

»NEIN!!!! Natürlich nicht, du Vollidiot!«
»O. k., sorry, nur so eine Frage. Aber warum zieht ihr dann so was an?«
»Dumme Frage!«

Ist die Frage wirklich so dumm? Ich meine, die meisten Jungs wollen doch auch irgendwie Aufmerksamkeit und dass jemand hinguckt, wenn sie sich in so ein ultraenges T-Shirt quetschen, wo man jeden Muskel begutachten kann. Bei Mädchen scheint das ein bisschen anders zu sein. Sie haben keinen Sixpack, zumindest normalerweise nicht, sondern Titten und einen Po, wenn ich das mal so

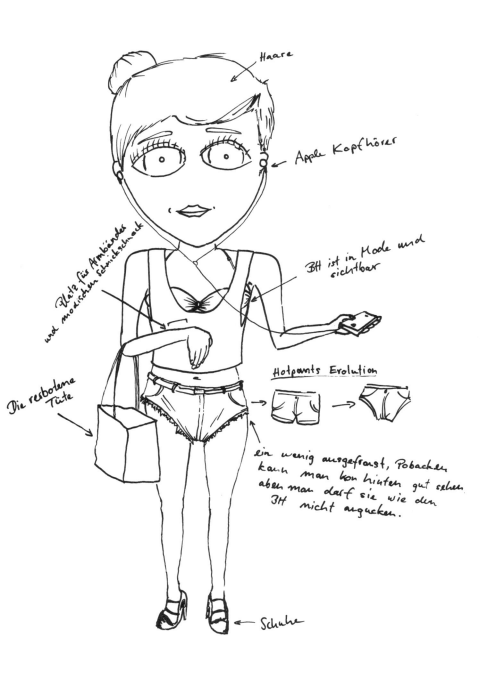

sagen darf. Und da soll aber nur einer hingucken, nämlich der, in den man verknallt ist. Hier endet das rationale Denken, und das Chaos beginnt. Haben die Mädchen denn alle anderen Jungs vergessen, oder haben sie einfach keinen Plan, was so etwas bei Jungs auslöst? Was sehr merkwürdig wäre, da sie ja auch Bio hatten und daher wissen sollten, was die Scheiße bewirkt. Sich dann auch noch zu wundern, wenn Jungs, die gerade erst in die Pubertät gekommen sind und die ganze Zeit perverse Witze machen, ihnen auf den Arsch gucken, find ich schon etwas erstaunlich. Spricht man sie darauf an, schlagen einem Beschimpfungsattacken entgegen, und man wird gefragt, was man denn machen solle, etwa was anderes anziehen?!?!

Jaa! Genau!

Nö, so wichtig wäre es dann doch nicht.

Wenigstens ist es im Winter meistens einfacher für uns Jungs, denn dann kommen die großen Schals und Schlabberpullis aus dem Schrank. Aber auch hier schaffen es manche Mädchen wieder, sich durchsichtige Strumpfhosen anzuziehen, bei denen man dann wirklich fast alles sieht. Ist das nicht scheißkalt? Ich frier mir doch schon in meiner Jeans einen ab. Vielleicht unterschätzen wir die Mädchen auch, am Ende sind sie doch viel härter, als sie aussehen.

Die Frage ist: Wollen die Mädchen einen mutwillig ärgern, oder checken sie es einfach nicht? Keiner der beiden Thesen will ich wirklich Glauben schenken. Was ich dann aber gar nicht verstehe, sind diese Porno-Taschen, die in meiner Schule manche Mädchen mit sich rumschleppen. Da sind dann Jungs drauf, ohne T-Shirt, die ihre Hände in der Schamgegend ihrer Jeans vergraben haben. Wieder nichts gegen schöne halbnackte Männer, nur, würde ein Junge mit einer Tüte, auf der halbnackte Frauen abgebildet sind, rumlaufen, würde er sofort als Perverser abgestempelt werden. Diese tollen Taschen bekommt man beim Kauf eines Kleidungsstückes in einer Abercrombie-&-Fitch-Filiale. Wir sehen großzügig darüber hinweg, dass selbst das Betreten eines solchen Ladens moralisch nicht tragbar ist, da der Besitzer ein hochgradiges Arschloch ist, der seine Mode nur an schöne, dünne und reiche Menschen verkaufen will, wie er 2006 in einem Interview verlauten ließ. Aber das interessiert die Mädchen offenbar nicht. Sie dürfen sich überhaupt eine Menge leisten, wovon Jungs nicht mal träumen können.

Gibt es wirklich keine anderen Mädchen? Kann das wirklich schon alles gewesen sein? Doch, die gibt es, aber es sind so verdammt wenige. 15-jährige Mädchen, die bewusst anders aussehen wollen, laufen auf meiner Schule leider kaum herum, nur ein paar einzelne Wesen, die aber alle sehr unterschiedliche Styles verfolgen. Ich freue mich schon, wenn die Mädchen etwas größer (also mental, nicht körperlich) werden und für mich einfacher zu verstehen sind. Stelle ich mir jedenfalls so vor.

4

Alkohol und Drogen:
Wie Leute drauf sind,
deren Eltern gekifft haben
und die mit einer Fernsehserie
aufgewachsen sind, in
der ein Chemielehrer
Drogen kocht

Wenn ich jetzt alles glaube, was mir meine Eltern erzählen, dann haben die höchstens mal gekifft. Meine Mutter meinte zu dem Thema, sie ist »naturbreit« und braucht deshalb keine Drogen. Genau, deswegen mussten wir euch auch an Silvester durch die U-Bahn ziehen, weil ihr nichts getrunken habt, leuchtet mir ein. Ja, Mama, Alkohol ist auch eine Droge.

Nach dem, was ich gelernt habe, gibt es zwei Arten von Drogen: einmal die, die dich abhängig, dumm, aber »cool« machen, krank auch, aber nicht sofort. Und dann die, die dich abhängig, eklig, krank, arbeitslos und tot machen. Zur ersten Gruppe gehören Alkohol, Zigaretten, Gras und Koks. Zur zweiten Heroin, Morphium, Opium (Gibst du Opi Opium, bringt Opium den Opi um. Das stand in meinem Bio-Buch. Natürlich nicht gedruckt, sondern ein Schüler hat das in mein Bio-Buch geschrieben), Crystal Meth (das Zeug, das die bei *Breaking Bad* in ihrem Campingwagen machen) sowie synthetischer Scheiß wie Krokodil, Wonder Mushrooms oder Ecstasy.

Das alles hab ich jetzt von Bio, YouTube, *Breaking Bad* und meinen Eltern. Gut, oder? In Bio ha-

Breaking Bad

ben wir zu jeder Droge Referate gehalten, so dass man sich ein genaues Bild vom Feind machen konnte. Jeder hat sich da natürlich ein bisschen reingesteigert: Meine Droge kann Psychosen hervorrufen! Bei meiner wirst du nach einem Mal schon abhängig! Meine lässt dein Gehirn verschrumpeln und macht dich hässlich! Also hatten wir am Ende eine fette Diskussion, welche Droge jetzt besser bzw. schlechter ist. Heraus kam, dass bei allem die Menge eine Rolle spielt, und natürlich stirbst du nicht an einer Überdosis Gras oder LSD. Aber wer will schon aus Versehen sein ganzes Leben wie Dumbo rumlaufen oder sich vor Mülltüten gruseln? Ich persönlich würde nicht unbedingt aus Gruppenzwang etwas nehmen, bloß um cool zu sein. Also kommt die erste Gruppe für mich nicht in Frage. Die zweite kann man ja sowieso vergessen.

Das Ende der Unterrichtsreihe bildete der Film *Wir Kinder vom Bahnhof Zoo*. Da gab es wirklich ein paar Szenen, die unter die Haut gingen, die Ekel und Sprachlosigkeit hervorriefen: diese komischen engen Jeans, die sich unten wie ein Indianerzelt öffneten! Und boah, ey, die Jungs hatten echt Stiefel mit Absätzen an! Sind meine Eltern etwa auch so rumgelaufen?, fragte ich mich, als ich den Film sah. Wenn ja, kriegen die aber was zu hören!

Was die Drogenszenen betrifft, dachte ich, dass ich durch verschiedene Fernsehserien irgendwie wusste, was mich erwarten würde. Aber nichts und niemand können einen auf diese fleckigen Pickelgesichter und die Drückszenen vorbereiten. Die Mädchen alle: IIIIEEEHHH!! Die coolen Jungs: Hä, hä, LOL. Restliche Jungs: Bäh, Mann!

Der Film war zwar kacke, aber das mit der Abschreckung hatte er volle Kanne drauf.

Mein Vater erzählt mir immer, wenn ich nur in kleinstmöglicher Weise das Thema Drogen anschneide, von seinem guten Freund, der an einer Überdosis gestorben ist. Am Anfang war ich schon sehr schockiert, das über eine reale Person zu hören. Egal, wie oft meine Eltern mich mit der Geschichte noch langweilen, die Message ist längst angekommen: Drogen sind scheiße, vor allem Heroin.

Ich glaube, Erwachsene wollen bei so was auf Nummer sicher gehen. Lieber eine Million Mal erzählen als einmal richtig. Das ist eine ihrer Methoden, die ich nie verstanden habe. Irgendwann erzielt das doch die gegenteilige Wirkung! Wenn mein Vater mir zehnmal sagt, ich solle mich doch endlich rasieren, dann ist die Wahrscheinlichkeit höher, dass ich es nicht mache, auch wenn es bescheuert aussieht, allein um ihn zu ärgern. O. k., Heroin würde ich natürlich nicht aus Trotz nehmen, aber ihr müsst mir die Geschichte jetzt echt nicht noch mal erzählen.

Aber vergesst Heroin. Es gibt zwei Drogen, mit denen Leute in meinem Alter wirklich zu tun haben, jedenfalls manche: Alkohol und Kiffen. Wollte ich an Gras kommen, wäre das gar nicht mal so schwer. Ich müsste einfach jemanden aus meiner Klasse oder Nebenklasse, von dem ich weiß, dass er manchmal kifft, nach der Nummer seines Dealers fragen, und, bähm, sagst du, wie viel du haben willst, und machst einen Treffpunkt aus. Funktioniert genauso

wie in Gangsterfilmen, erstaunlich
einfach. Außer dass der Typ
kein krasses Auto hat
und keine Kanone trägt
und ganz normal aus-
sieht, abgesehen davon,
dass er vielleicht ein bisschen zu viel von seiner eigenen Ware konsumiert
hat. Aber, wie gesagt, davon
hab ich eigentlich keine Ahnung und weiß das nur von
Freunden.

Bei Alkohol kannte ich
mich bis vor kurzem kaum besser aus. In der Neunten haben die meisten angefangen, auf Partys mit
Alkohol zu gehen. Und weil Wodka von Anfang an
das bevorzugte Getränk war, hielt ich mich erst
mal fern. Ich hatte immer wieder mal gehört, dass
der Freund eines Freundes ins Krankenhaus musste, weil er eine Alkoholvergiftung hatte, was ich
ziemlich abschreckend fand. Genauso wie die Zei-
tungsberichte, in denen es um gepanschten Alkohol ging, durch den jemand erblindet oder gar gestorben ist, weil seine Freunde Angst hatten, Hilfe
zu rufen.

Außerdem sah ich keinen Sinn darin, etwas
zu trinken, was eklig schmeckt, um dann betrunken zu sein, und sehe ihn leider immer noch nicht.
Ich trinke gerne alkoholfreies Bier nach dem Sport

oder so, was mich zu einer Art Alien macht. Aber allen anderen scheint es voll Bock zu machen.

Auf einem Geburtstag hatte jemand mal Wodka eingeschmuggelt, geschmuggelt, weil die Eltern nicht so viel davon hielten, dass sich Jugendliche in ihrer Wohnung volllaufen lassen. Was ich sehr gut nachvollziehen kann. Wir hatten auch Fanta und Cola, aber einer musste sich wichtig machen und spielte den Barmixer. Er hat einfach alles zusammengeschüttet und meinte, er habe die perfekte Mischung. Was natürlich danebengehen musste. Ich probierte auch ein, zwei Schlucke. Es schmeckte nicht besonders, und der gewünschte Effekt blieb fürs Erste aus. Es war bloß ein bisschen warm im Mund. Der Barmixer wurde mit jedem ausgeschenkten Becher euphorischer, weil er hier und da probiert hatte. Einer fing sich fast eine Alkoholvergiftung ein und musste dauernd aufs Klo, kotzen. Wir merkten es erst, als er uns auf die Schlafmatten kotzte, umkippte und einschlief. Irgendwer trug ihn dann auf ein sauberes Bett und wischte alles auf. Lecker. Und das Beste, am nächsten Morgen erinnerte er sich noch nicht mal dran. Also, auf richtig Betrinken hatte ich jetzt noch weniger Bock.

Meinen ersten Kater hatte ich deshalb, ehrlich gesagt, nicht etwa nach dem Komasaufen mit Freunden, sondern nach einem Barbesuch mit meiner Mutter. Wir hatten uns den neuen *X-Men*-Film mit einer Freundin von ihr angeguckt. Ich bin gerade in der *Superhelden*-Phase, deswegen muss immer jemand mit mir ins Kino. Heidrun macht das ganz gerne, weil sie sich Filme davor, mittendrin und danach gerne erklären lässt, und das *Superhelden*-Universum ist nun mal mein totales Spezialgebiet. Nach dem Film wollten sie noch in eine Bar gehen, ich war erst so »Nein, nie im Leben lassen die mich überhaupt da rein!«, aber irgendwie wurde ich neugierig, ich meine, wer in meinem Alter war bitte schon mal in einer Bar? Ich war richtig aufgeregt und so. Die Bar sah genauso aus, wie ich es mir vorgestellt hatte, Musik, wenig Licht und ganz viel Zigarettenrauch. Es war irgendwie eine schöne Stimmung, und für mich war alles ganz neu. Mein Pullover hat noch am nächsten Tag gestunken. Und die Cocktails hatten alle so leuchtende Farben und waren richtig cool mit Obst dekoriert. Ich nahm erst einen Drink mit Erdbeere, da war nicht so viel Alkohol drin, aber der hat richtig gut geschmeckt. Der zweite hieß Zombie und hat auch so ähnlich geschmeckt, ich hab ungefähr die Hälfte von einem ziemlich großen Glas geschafft, dann erst hab ich den Alkohol bemerkt. Es war ein merkwürdiges Gefühl, taub und scharf zugleich. Und ein wenig langsamer war alles, was ich jetzt nicht so cool fand, also hab ich aufgehört zu trinken. Insgesamt war es eigentlich ein sehr aufregendes Erlebnis. Ich hatte zwar einen leichten Kater, aber diese bunten Getränke haben mir irgendwie gefallen.

Wie schon gesagt, hatte ich davor eine ziemliche Achtung vor hochprozentigem Alkohol, wenn nicht sogar Angst. Allein die Möglichkeit, dass man die Kontrolle vollkommen verlieren kann, wenn man nicht aufpasst, fand ich ziemlich abschreckend. Aber weil nichts dergleichen passiert ist, sehe ich Cocktails jetzt als ein angenehmes Spaßgetränk, von dessen Wirkung ich weder sonderlich überzeugt noch besonders schockiert bin. Man kann sich auch einfach unterhalten und nebenbei etwas trinken und es vielleicht sogar genießen. Wobei ich glaube, das mit dem Genießen kommt erst später. (Das hört sich ein wenig so an, als wäre ich ein alter Weinliebhaber, was ich nicht bin. Wein schmeckt scheiße!) Jedenfalls hat die Erfahrung mit der Bar dazu geführt,

dass sich meine Einstellung zum Alkohol normalisiert hat. Ich suche nicht mehr das Weite, wenn ich
das Wort Wodka höre, und trinke, wenn überhaupt,
aus vielleicht so etwas wie Geselligkeit. Nicht genug, um betrunken zu werden, nur ein bisschen.

In diesem Sommer, mit der Fußball-WM, be-
gannen die Leute in meiner Klasse Bier zu trinken,
und ich dachte schon, dass sie endlich zur Vernunft
gekommen seien. Aber nein. Ich konnte zwar am
Anfang noch mein Bier gemütlich zum Grillen
trinken, aber danach ging das Trinkspiel Bierball
los.

Bei dem Spiel gewinnt das Team, dessen Mitglieder zuerst ihr Bier ausgetrunken haben. Immerhin hat es auch sportliche Elemente: Zwei
Teams stehen sich gegenüber. In der Mitte steht
eine leere Flasche, auf die ein Ball geworfen wird,
bis sie umfällt, wie beim Kegeln. Wenn das andere
Team das geschafft hat, rennt man hin, stellt sie
wieder auf und rennt so schnell wie möglich zurück. Wird die Flasche getroffen, darf das gegnerische Team trinken, bis der Gegner die Flasche in
der Mitte aufgestellt hat und wieder zurückgerannt
ist. Nach zwei Runden hatten die meisten dann
auch schon genug. Die Mädchen waren angeheitert
und balancierten wie betrunkene Seiltänzerinnen
über den Rasen. Die Jungs mussten dauernd rülp-
sen, und allen war übel. Einem mussten ein paar
Freunde unter die Arme greifen, weil er sonst an-
dauernd hingefallen wäre.

Ich habe zwar keine Erfahrung mit schnellem Trinken, kann dafür aber schnell laufen und werfen, was mich zu einem passablen Mitspieler macht. Die erste Runde verlor mein Team, die zweite gewannen wir. Nicht zuletzt, weil ein anderer Kumpel, der auch Probleme mit dem Runterstürzen großer Biermengen hat, sich dafür entschied, im Schutz der Dunkelheit den Rasen mit seinem Bier zu bewässern. Ich war schwer versucht, es ihm gleichzutun, da es nun mal das Schlauste ist. Aber irgendwie verbot es mir mein bescheuertes Ehrgefühl, Spielregeln zu brechen, wenn es um Sport geht. Wie gesagt, nicht besonders schlau, aber zumindest ehrlich. Nach dem dritten Bier schmeckte es aber wirklich scheiße, und zum Glück war da auch schon alles vorbei. Das Fußballspiel haben wir nicht ganz geguckt, was auch daran lag, dass Ghana eine Zeitlang führte und wir eine Niederlage nicht hätten verkraften können. Kloses Tor und den Salto haben wir aber noch gesehen. Ich war angetrunken wie alle anderen, fühlte mich aber nicht sonderlich verändert, stark, toll, fröhlich. Ich war bloß sehr müde und konnte mich schlechter konzentrieren. Nicht so cool. Also werde ich erst mal bei dem alko-

holfreien Bier bleiben, bis ich den Sinn von Alkohol durchschaue oder überhaupt den Unterschied zwischen alkoholfreiem und normalem Bier herausschmecken kann.

Aber das mit der Bar war jedenfalls eine ziemlich coole Einführung in die Welt des Alkohols. Nur als meine Mutter mich neulich fragte, ob ich mal kiffen wolle, war wirklich Schluss. Mit den scheiß Glimmstengeln möchte ich wirklich nichts zu tun haben. Außerdem: In eine Bar gehen ist o. k., sogar cool, aber Kiffen mit der eigenen Mutter? Ich meine, da ist ein ganz neues Level an Peinlichkeit erreicht.

5

Computerspiele oder
warum Noobs keine
Killing Sprees haben und
Spiele gar nicht so schlecht
sind, wie alle immer sagen

Wenn es um Computerspiele geht, gibt es meistens Stress. Die Noten werden rasant schlechter, Aufgaben im täglichen Leben werden vernachlässigt, und es gibt ständig Streit, weil ein gewisser Jemand sich nicht an die Computerzeit hält. Im Alltag hat man sich das etwa so vorzustellen:

Paul kommt von der Schule nach Hause, er hat massenhaft Hausaufgaben auf und will sich vorher kurz bei einem Computerspiel entspannen. Er ist gerade dabei, den Laptop aufzuklappen, seine Mutter hat das missbilligend beobachtet:

»Paul, jetzt geh doch nicht sofort an dieses Spiel! Du hast mich noch nicht mal begrüßt, und schon hängst du wieder vor diesem Ding.«
Paul: »Heidrun, bitte! Ich muss mich nur ein bisschen erholen.«
Heidrun lässt nicht locker: »Du wirst noch dumm von diesem Spiel, jetzt leg erst den Computer weg und räum deine Sachen aus dem Flur.«
Paul weiß, dass er, wenn er diesen Tag überleben will, besser gehorcht. Also hievt er sich aus dem Sofa und trägt grummelnd seine Sachen hoch. Ge-

rade hat er seinen Computer wieder aufgeklappt,
schon geht es von vorne los.

Heidrun: »Machst du jetzt bitte mal das Spiel zu?
Ich würde gerne mit dir reden.«

Paul: »Ja, und ich möchte mich ausruhen.«

Heidrun: »Merkst du denn gar nicht, dass du völlig
in diese Welt absinkst? Du bist den ganzen Tag in
der Schule, und wenn du dann hier bist, hängst du
vor dem Rechner!«

Das kann jetzt noch ewig so weitergehen, und ich
weiß auch schon genau, was als Nächstes kommen
wird: die Lateinarbeit. Das Spiel ist schuld, dass ich
die Lateinarbeit verhaut habe. Es ist schuld daran,
dass ich immer so genervt bin, es ist überhaupt an
allem Negativen schuld. Ganz schön unfair gegenüber Computerspielen. Wenn Spiele Gefühle hätten, wären sie wahrscheinlich alle schlecht gelaunt
und traurig.

Schon klar, Eltern wollen ihr Kind nur vor all
dem Bösen bewahren. Doch so richtig hingucken,
womit sich das Kind beschäftigt und was sich dort
auf diesem bunten Bildschirm eigentlich ereignet,
tun die wenigsten. Warum auch Zeit mit etwas verschwenden, was einem so unbekannt ist? Irgendwie
assoziieren die meisten mit einem Zocker einen
übergewichtigen, bleichen Jungen, der im Keller
sitzt, nicht mehr rausgeht, keine Freunde hat und
in seiner eigenen Welt lebt. Bis er eines Tages alle
erschießt und seine Klassenkameraden danach in

den Abendnachrichten erzählen, er habe immer Computerspiele gespielt.

Nur um das mal klarzustellen: Keiner meiner Freunde ist so drauf, keiner. Und nein, nicht alle Spiele sind Kriegsspiele. Spiele lassen sich genauso wie Musik, Bücher, Filme in unterschiedliche Arten unterteilen. Es gibt Browser-Games, Rollenspiele, Action-Spiele, Strategiespiele, Lebenssimulation und so weiter. Manche machen mehr Spaß, andere weniger. Manche kosten Geld, andere nicht. Bei manchen geht es darum, Menschen, Oger, Kobolde, Schweine, Vögel, Insekten, Raumschiffe und natürlich Aliens abzuknallen oder mit Pfeilen zu spicken, bei anderen geht es darum, ein kleines Dorf aufzubauen.

Ich habe mich zum Beispiel mindestens ein Jahr lang um einen virtuellen Bauernhof bei Facebook gekümmert. Ja, ich hab *Farmville* gespielt, was dagegen? Ein Freund fragte mich über Facebook, ob ich ihm beim Ernten seines Getreides oder so was in der Art helfen könnte. Und schon hatte ich meinen eigenen virtuellen Bauernhof an der Backe. *Farmville* ist ein Social Game. Das sind Spiele, die man übers Internet oder über Facebook mit anderen spielt, und sie sind erst mal kostenlos. Es gibt dabei verschiedene Szenarien: Du musst auf einen Bauernhof aufpassen, dein eigenes Hotel, Restaurant oder was auch immer führen, deine eigene antike/mittelalterliche Stadt aufbauen, dein eigenes Raumschiff befehligen oder so.

Ich hatte also eine Farm. Zuerst waren es nur vier kleine Beete, dann Felder, Tiere und eine Scheune. Ich säte, erntete und säte wieder. Irgendwann hatte ich dann feste Zeiten, zu denen meine Pflanzen gerade erntereif waren und ich neue säen konnte. Ich bin nach der Schule heimgekommen und hab mich mit meinem Computer auf das Sofa gesetzt, um mein Getreide zu ernten, bevor es schlecht wird, und in Spielgeld einzutauschen. Bald konnte ich mir einen kleinen Kirschbaum-Wald leisten, einen Teich, fünf Katzen (die waren richtig selten und teuer und haben sich außerdem bewegt!) und sogar einen fucking Heißluftballon. An

Halloween gab's außerdem fleischfressende Pflanzen und Kürbisse. Die Sache ist aber: All das Spielgeld, das du dir hart »erarbeitest«, kaufen sich andere Spieler einfach mit echtem Geld und können sich so viel coolere Sachen holen. Plötzlich merkst du, dass man sich überhaupt fast alles in diesem Spiel kaufen kann. Und schon überlegt man, ob der eine oder andere Euro denn einen Unterschied machen würde. Du kannst natürlich auch ohne Geld weiterspielen, aber dein Bauernhof wird nie so schön sein wie der von denen, die Geld ausgeben. Ein Freund von mir hat zum Beispiel echtes Geld investiert. Er hatte einfach alles: mindestens zwanzig Katzen, ein viermal größeres Feld als ich, Heißluftballons, Villen, Schwimmbad, Strand, Halloween-Edition-Bäume, Spukschlösser ... Und irgendwann frustriert dich das so hart, dass du entweder aufhörst oder auch Geld für das Spiel ausgibst.

Geld für einen Bauernhof, einen virtuellen bescheuerten Bauernhof im Internet ausgeben!?? Nein danke, hab ich mir gedacht und mit *Farmville* aufgehört. Außerdem hatte ich irgendwann die Lust verloren, jeden Tag zur selben Uhrzeit mein scheiß Getreide zu ernten.

Trotzdem verrückt, wie viel Zeit ich damit verbracht habe, wenn ich im Nachhinein drüber nachdenke. Ich habe ein Jahr lang täglich mindestens eine halbe Stunde an dieses Spiel verschwendet. Aber hätte meine Mutter es mir verboten, hätte ich nicht verstanden, warum. Irgendwann fand ich selber heraus, dass ich meine Zeit lieber mit anderen Sachen verbringen will.

Ich habe jetzt schon drei solche Spiele gespielt, und mit jedem Mal hatte ich mehr Kontrolle und konnte einfacher damit aufhören. Insgesamt sind solche Spiele also, wenn man das mit dem Geldausgeben nicht übertreibt, eher harmlos.

Letztens wollte ich mir meinen Garten noch mal angucken, aber irgendwie ist jetzt alles weg. Schade. Das ist noch ein Problem: Spiele währen nicht ewig, manche werden auch einfach aus unerfindlichen Gründen ohne Rücksicht geschlossen. Und dann sitzt du da und hast alles verloren, deinen ganzen Garten und im Ernstfall auch deine Katzen.

Ebenso harmlos sind Fantasy-Rollenspiele. Oder wie sie mein Vater nennt: die Filzhutspiele. Das liegt vor allem daran, dass die meisten dieser Spiele ihre Wurzeln in den *Herr der Ringe*-Büchern haben. Von dort sind sie zu einem Wirrwarr aus Fantasy-Welten geworden. In dem Spiel *The Elder Scrolls Oblivion* werden allein die Elfen in Dutzende Stämme gegliedert: Dunkelelfen, Waldelfen, Blutelfen, Hochelfen ... mehr kenn ich wirklich nicht. Ich glaube aber, dass Blut- und Hochelfen verfeindet sind. Das typische Szenario eines Filzhutspiels wäre: Bewahre dein Land vor den fiesen Horden des dunklen Schattens von ..., nur du kannst das Schwert des Lichts finden und mit seiner Hilfe den Frieden in deinem Reich wiederherstellen. Keine Figur heißt einfach Paul, sondern »Paul, Sohn des Robert, Vetter des ..., stärkster Krieger der Nördlichen Breite« (o. k., das war jetzt übertrieben, aber ihr wisst, was ich meine).

Man kann sich jedenfalls in diesen Spielen genauso verlieren wie in einem guten Fantasy-Buch. Ich lese und lese und kann erst dann aufhören, wenn mir die Augen zufallen. Das ist für meine schulische Leistung am nächsten Tag auch nicht sehr förderlich. Die andere Frage ist, ob Verbote überhaupt helfen. Zum Beispiel durfte ich erst Computerspiele spielen, als ich aufs Gymnasium gekommen bin. Und als ich dann anfing zu spielen, hatte ich ziemlich wenig Kontrolle und habe ganze Tage in solchen Welten verbracht. Während Freunde, die schon früher spielen durften, viel besser damit umgehen können als ich. Anders als beim Rauchen, wo man, je früher man anfängt, umso schwerer davon loskommt, nimmt der Suchtfaktor bei Computerspielen eher ab, je länger man spielt. Die Frage, ab wann ein Kind optimalerweise spielen darf und wie oft, finde ich deshalb schwer zu beantworten. Normalerweise gilt: Solange man Hobbys und Freunde wegen eines Spiels nicht vernachlässigt und wenigstens noch ab und zu was für die Schule macht, besteht keine Gefahr.

Ich habe überhaupt nur einen Jungen kennengelernt, der süchtig war. Aber der hatte Riesenprobleme in der Schule, und seine Eltern hatten keine Zeit für ihn, weil sein Vater schwerkrank war. Dass der nicht mehr aus seiner Computerwelt herauskriechen wollte, habe ich sogar verstanden.

Was Erwachsene auch oft durcheinanderbringen, ist, dass Spiele einsam machen.

Spiele an sich machen erst einmal gar nichts. Es liegt völlig in der Hand des Benutzers, wie er mit einem Spiel umgeht. Ich finde es schwer vorstellbar, dass jemand, der sehr gesellig ist, wegen eines Computerspiels plötzlich zum Außenseiter wird. Andersherum kann es natürlich sein, dass jemand, der ernsthafte soziale Probleme hat, sich mit einem Spiel völlig von der Welt abschottet. So was ist wirklich hochgradig scheiße. Aber die Schuld des Spiels ist es nicht.

Im Gegenteil: Spiele können sozial sein. Sozialer als Bücher lesen auf jeden Fall. Beinahe alle Computerspiele verfügen über einen Multiplayer-Modus, in dem man mit Freunden in einem Raum oder übers Internet spielen kann. Spielen gehört in unserer Generation einfach dazu. Wer seinem Kind das Spielen verbieten will, sollte das vielleicht im Hinterkopf behalten.

Eines der Spiele, die man gemeinsam spielt, ist zum Beispiel *League of Legends* (kurz LoL). Es ist ein Fantasy-Multiplayer-free-to-play-Spiel, was bedeutet, dass man es im Internet kostenlos runterladen und zusammen mit seinen Freunden online spielen kann.

Leute, die LoL spielen, tauchen nicht nur für Stunden in ihre eigene Welt ab, sie reden auch, als kämen sie von einem anderen Planeten. Das heißt, dass man von dem Gesprochenen nichts versteht,

obwohl die Konversation in deutscher Sprache geführt wird. Also wundern Sie sich nicht über die nächsten Zeilen, die ein aktiver Spieler und guter Freund für mich verfasst hat.

A: »Jo! Wie viel LP hast du gerade?«

B: »42. Ich hab zwei Runden gewonnen, weil ich einfach zu krasse *Killing Sprees* hatte.«

A: »Ich hab 78. Ich war in Promo, hatte aber zu viele Feeder in meinem Team.«

B: »Was am meisten nervt, sind aber Flamer. Da hat man keine Chance auf Teamwork.«

A: »Ja, so was ist einfach scheiße. Aber hast du eigentlich den neuen Champ gesehen? Der Typ ist so OP. Seine Ult nimmt das ganze gegnerische Team auseinander.«

B: »Also, Riot muss ihn auf jeden Fall nerven. Außerdem sollten sie mal nicht die ganze Zeit neue Champs rausbringen, sondern lieber neue Skins entwickeln.«

A: »Find ich nicht. Es ist eh scheiße, dass Skins RP kosten. Als ob ich Geld ausgeben würde, nur damit es anders aussieht.«

B: »Erstens sehen die Champs dann richtig episch aus, und außerdem ist es ja kein *pay-to-win*, weil man ja keine Buffs dadurch bekommt, sondern sich nur das Aussehen verändert.«

Für Laien haben Spieler A und B
Folgendes gesagt:

A: »Guten Tag, B, wie läuft es gerade bei dir im Spiel?«
B: »Sei auch du gegrüßt, A, ich habe jetzt schon zwei
Spiele hintereinander gewonnen, da ich sehr viele Spieler in kurzer Zeit ausgeschaltet habe. Meine Leistung
wurde mit 42 Ligapunkten bewertet.«
A: »Ich hatte einige sehr wichtige Spiele, durch die ich
im Ligasystem hätte aufsteigen können, doch leider waren meine Mitspieler zu schwach und machten den
Gegner so immer stärker. Ich erreichte nur eine Wertung von 78 Punkten.«
B: »Ja, da kann man nichts machen, aber manche schreiben die ganze Zeit unnütze Kommentare, so kann man
gar nicht mehr richtig mit den anderen Mitspielern kommunizieren. Man kann gar nicht mehr als richtige Einheit agieren.«
A: »So jemanden hatte ich auch mal im Team, sehr blöd.
Hast du eigentlich den neuesten Charakter gesehen. Mit
seinem stärksten Angriff kann er das ganze gegnerische
Team ausschalten! Er ist so unglaublich stark.«
B: »Die Entwickler des Spiels sollten nicht immer neue
Charaktere rausbringen, sondern auch neue Verkleidungen für die Charaktere. Außerdem sollten sie den
neuen Charakter schwächen, sonst ist das doch unfair.«
A: »Sehe ich nicht so, vor allem, weil ich kein Geld bezahlen will, nur damit derselbe Charakter anders aussieht.«
B: »Ich finde, dass die Charaktere durch die Verkleidung
viel stärker und mächtiger aussehen, auch wenn die
Verkleidung die Fähigkeiten eines Charakters gar nicht
beeinflusst.«

A: »Also, ich kauf mir keine Skins, aber man kann sie ja auf dem PBE ausprobieren. Das einzige Problem dort ist, dass es zu viele Troller gibt.«

B: »Auf EUW gibt's aber auch ziemlich viele Noobs. Die sagen einfach nichts und wissen nicht, was Pings sind.«

A: »Ja, die kommunizieren gar nicht mit dem Team, und Flamer übertreiben's. Man sollte Flamer aber auch nicht muten, jedenfalls nicht beim Ranked, manchmal sagen sie dann doch etwas Nützliches.«

B: »Beim Ranked sollte man nicht muten, aber bei Normals muss man, wenn man Spaß haben will, einfach alle muten und den Cross-Team-Chat ausschalten.«

A: »Ich kauf sie mir trotzdem nicht, da man sie ja auch vorher auf einem der Spieleserver »anprobieren« kann. Das einzige Problem ist nur, dass die Spieler dort das gar nicht ernst nehmen und mit Absicht sterben, so dass man nicht richtig gut spielen kann.«
B: »Es gibt aber auch auf den richtigen Servern Spieler, die es einfach nicht draufhaben. Die geben keine Signale auf der Karte und warnen so nicht vor dem Gegner oder sagen nicht Bescheid, wenn sie ihre Gegenspieler aus den Augen verlieren.«
A: »Genau, und über den Chat kommunizieren sie auch nicht mit ihrem Team. Andere dagegen übertreiben es völlig und schreiben die ganze Zeit nur Mist, die sollte man aber auch nicht stumm stellen, zumindest nicht bei wichtigen Ligaspielen, am Ende sagen sie dann doch noch etwas Nützliches.«
B: »Ja, da stimme ich dir zu, aber bei unwichtigen Spielen musst du mal alle auf stumm stellen und den Chat ausschalten, damit es Spaß macht.«

LoL ist, was das Töten und Massakrieren betrifft, sehr harmlos. Meist laufen nur ein paar bunte Figuren durch eine verwunschene Wald- und Wiesenlandschaft und bombardieren sich mit magischen Geschossen oder mittelalterlichem Gerät. Mit sogenannten Killer- oder Shooter-Spielen hat dieses Spiel rein gar nichts zu tun.

Mein erstes Ego-Shooter-Spiel habe ich in der Fünften gesehen. Damals hatten alle plötzlich einen iPod touch. Außer mir natürlich, weil meine Eltern mir keinen kaufen wollten. Die anderen spielten darauf *Modern Combat 2: Black Pegasus*. Es war ein Ego-Shooter mit Pistolen, Maschinengewehren und Raketenwerfern. Mit jedem Rang schaltete man neue Waffen frei, bis man dann am Ende die beste Waffe bekam, eine goldene AK-47. Höchste Präzision und kaum Rückstoß. Was dieses Spiel so beliebt machte, war, dass man es per Bluetooth oder WLAN spielen konnte, so dass mehrere gegeneinander und miteinander antreten konnten. Im Winter, wenn die Batterien der iPods immer besonders schnell alle waren, bildete sich dann um die verbliebenen Kämpfer eine riesige Horde frierender Pinguine, die angespannt das Spielgeschehen beobachteten. Ich kann mich sogar noch an einen Geburtstag erinnern, an dem alle verstreut im Wohnzimmer rumsaßen, iPod auf dem Schoß, und rumfluchten, wenn ein scheiß Scharfschütze sie erwischt hatte.

Brutalere Spiele sind im Vergleich dazu *Assassin's Creed, Call of Duty, GTA* oder *Outlast.*
Call of Duty gehört zu den Spielen, für die die Bezeichnung »Ballerspiel« wohl erfunden wurde. Es ist ein reines Kriegsspiel, das man normalerweise nur online mit Freunden spielt. Es hat zwar einen Story-Modus, aber die Handlung ist vollkommen egal, und wen du da abschießt und warum, interessiert nur selten. Solche Spiele spielt man, bis sie langweilig werden oder der nächste Teil rauskommt. So eine Phase erstreckt sich über mehrere Monate, man vereinbart beinahe täglich eine Zeit, zu der man sich gemeinsam einloggt, jeder zu Hause in seinem Zimmer. Es kommt auch mal vor, dass jemand mitten im Spiel »off« geht, weil die Eltern reinkommen, die ihm solche Spiele eigentlich verboten haben. Danach spielt man einfach weiter und streitet sich dann am nächsten Tag in der Schule, wer der Beste war.

Toll war auch, als ein Freund sich das Horrorspiel *The Last of Us* ausgeliehen hat. Horrorspiele sind eine relativ neue Kategorie von Spielen, die es noch nicht so lange gibt, du bist meist waffenlos und gerätst wie der Hauptdarsteller in einem Film in eine alptraummäßige Situation.
Es war schrecklich geil! Wir spielten die meiste Zeit aus der Perspektive eines Mannes namens Joel, der seine Familie an Zombies verloren hat und nun auf ein Mädchen namens Ellie aufpassen muss,

das so alt wie seine tote Tochter ist. Es war eine Mischung aus Spiel und Abenteuerfilm. Wir spielten im Wohnzimmer, was meine Mutter ziemlich nervte. Wir spielten bis spät in die Nacht und machten am nächsten Morgen genau da weiter, wo wir aufgehört hatten. Am Anfang mussten wir uns an Massen von Zombies vorbeischleichen, was ich erst gar nicht checkte, weshalb ich einfach wild mit dem Revolver in sie reinballerte. Doch irgendwann hatte ich den Dreh raus, und es gelang mir, ein paar Zombies ganz leise zu messern, ohne dass ihre Kumpane es mitbekamen. Irgendwann waren wir am Ziel und mussten gegen den Bloater antreten, einen alten, fetten, pilzbewachsenen Riesenzombie. Wir brauchten Stunden, bis wir dieses Rotz spuckende Mistvieh erledigt hatten.

Paul: »Der stirbt nicht, der Wixer!«
Franz: »Schieß ihm in den Kopf! Schnell.«
Paul: »Mach ich ja, es funktioniert nicht!!!« *Bloater gibt merkwürdige Geräusche von sich.* Paul: »Na toll, jetzt bleibt der Eklige stehen.« *Bloater spuckt einen riesigen Rotzball auf Joel.*
Franz: »Schieß!!«
Paul: »Mach ich doch! Fuck, was macht er?!!!«
Franz: »… ähh …«
Paul: »Er hat …«
Franz: »Er hat dich einfach …«
Paul: »Er hat Joel einfach umgebracht!!!«
Franz: »Alter, dieser Bloater!«

Das Spiel war schon ziemlich intensiv. Franz und ich reden manchmal heute noch davon. Irgendwie hat uns diese schreckliche Begegnung zusammengeschweißt. Ja, der Bloater, das waren noch Zeiten! Machen einen jetzt solche Erlebnisse zum potentiellen Einzelgänger oder Amokläufer? Wenn das der Fall wäre, wären fast alle Jungen aus meiner Klasse schon lange Amok gelaufen oder wenigstens mit den Fäusten mal auf jemanden losgegangen. Außerdem: Würden dann nicht auch Filme, Bücher und Comics zur Gewalt anregen?

O. k., es stimmt, dass die Ego-Perspektive der Spiele alles viel realer erscheinen lässt als die Ich-Perspektive in einem Buch. Trotzdem bleibt normalerweise alles, was im Spiel passiert, auch dort. Wir Jugendlichen können zwischen Realität und Spiel unterscheiden. Es kommt zwar vor, dass Aggressionen nach dem Spiel auftreten, wenn es zum Beispiel sehr spannend war und du es vergeigt hast. Aber das ist einfach nur ein Ausdruck von Frustration, so wie manche Leute nach einem verlorenen Tennisspiel ihren Schläger kaputtmachen. Computerspiele machen dich genauso wenig zum Amokläufer, der seine gesamte Schule auseinandernimmt, wie *Farmville* dich nicht dazu bringt, ein friedliches Bauernleben anzustreben.

6

Sex, Porno und, ja,
das gibt's bei uns:
Liebe

Ich war gerade in die 5. Klasse gekommen, und plötzlich sagten alle meine Freunde auf dem Gymnasium Wörter wie gay, Petting, hetero-, homo- oder transsexuell.

Moritz: »Mann, Leo, du Homo, lauf mir doch nicht in den Weg!«
Leo: »Was soll ich denn machen, guck doch mal, wie wenig Platz ich hier auf meiner Seite habe! Weißt du überhaupt, was Homo heißt?«
Moritz: »Hä, natürlich, Homo heißt gay.« Paul hört interessiert zu.
Paul: »Was heißt gay?«
Leo: »Jetzt wirklich, Paul?«
Moritz: »Du weißt nicht, was gay heißt?!«

Ich kam mir auf einmal wie der letzte Idiot vor. Vielleicht haben ja alle außer mir gewusst, was gemeint war, aber das bezweifle ich. Meine Eltern waren, als ich mit den neuen Wörtern zu ihnen ging, sehr erstaunt. Ich kam mir plötzlich ein bisschen zu jung für mein Alter vor. Ich meine, auf der Grundschule hatten wir gerade noch Arbeitsbögen mit fröhlich grinsenden Spermien ausgemalt und so nette Wörter wie Gebärmutter, Eizelle, Spermium und Kind eingetragen. Und plötzlich redeten alle, als hätten sie Ahnung und wüssten ganz genau, wie alles funktioniert.

Das war ätzend. Allerdings noch viel peinlicher waren die Versuche meiner Eltern kurz darauf, mich ganz locker aufzuklären. Manchmal, wenn man es am wenigsten vermutete, fingen sie ganz überraschend damit an, und man wollte sich nur noch die Ohren zuhalten und eine Trillerpfeife holen, um ihre Worte zu übertönen. Gerade hat man sich noch so schön über belanglose Sachen unterhalten, und plötzlich räuspert sich dein Vater und sagt:

Du, Paul ...
... ist dir in letzter Zeit mal aufgefallen, dass du das Bedürfnis hast ...
... es ist vollkommen normal, wenn man sich manchmal ...
... es ist alles gut, so wie es ist, aber wenn dir etwas am Penis wehtut, dann musst du unbedingt ...
... du brauchst dich nicht zu schämen, es ist ganz normal, wenn man am Morgen eine ...

Ich versuchte, das Thema zu wechseln, über das Wetter oder sogar die Schule zu sprechen. Schließlich hatten sie Erbarmen und gaben mir heimlich, so dass es mein Bruder nicht mitkriegte, ein cooles (ganz wichtig: cooles, nicht möchtegerncooles) Aufklärungsbuch, und die Sache war geritzt. Wem es zu peinlich ist, sich beim Auswählen des richtigen Buches von seiner Buchhändlerin beraten zu lassen, sollte auf das Buch *Make Love* vertrauen. Damit wurde mir nämlich geholfen, diese schweren und anstrengenden Phasen zu meistern. Nein, echt jetzt, das ist ein gutes Buch. Man erfährt viel über Küssen und Streicheln, und dass es zum Stimulieren des weiblichen Geschlechtsorgans weitaus mehr bedarf als andauernde Positionswechsel, wie sie in den Pornos praktiziert werden. Oder auch, dass es o. k. ist, wenn der Penis im erigierten Zustand nicht ganz Durchmesser und Länge einer Streitaxt erreicht.

Nur um alle Hoffnungen gleich zu zerschlagen: Ja, ab der Siebten und spätestens bis zur Neunten haben alle Jungs einen Porno gesehen! Als Junge hat man es nicht einfach. Als Mädchen auch nicht, ich weiß. Man kann, seit man in der Pubertät ist, nur noch an das eine denken und das andere machen. Ich meine, wenn du ein supertolles Spielzeug bekommst, das voll die coolen Sachen draufhat, wer will denn nicht damit spielen, hm? Erst hast du so ein kümmerliches Dings, mit dem du gar nichts anfangen kannst, und plötzlich kriegst du dieses Megaupgrade, und BÄHM, plötzlich kann er alles Mögliche. Außerdem sind da noch die Hormone, die mindestens genauso viel damit zu tun haben, dass man nicht mehr so ganz klar denken kann und sich auf der einen oder anderen Internetseite wiederfindet. Ja, die Hormone sind schuld! Über Umwege gelangt man dann auf die pinken Seiten mit den vielen, vielen Videos. Die Auswahl ist schier unermesslich, von den Milfs (Mothers I'd like to fuck) bis zu den BBWs (Big Black Women). Vor einiger Zeit hatten einige Jungs bei uns in der Klasse die tolle Idee, sich einen Porno, in dem es um den Konsum von Fäkalien ging, im Computerraum anzuschauen. Ein halbes Jahr später kam ein sehr wütender und natürlich enttäuschter Schulleiter in unsere Klasse, enttäuscht, weil er das von Sechstklässlern wahrscheinlich nicht erwartet hatte. Also: Ob mit anderen angeguckt, vom besten Freund gezeigt, im Chat verschickt oder zielsicher danach gesucht – irgendwann kommt jeder in Berührung mit dieser dunklen Macht.

Sein Kind davor zu beschützen, ist nur bis zu einem gewissen Grad möglich, jedenfalls wenn es sich mit dem Computer besser auskennt als man selber. Ich glaube, offen darüber zu reden, ist das Einzige, was Sinn macht. Oder man vertraut auf das oben genannte Buch.

Ich weiß, ehrlich gesagt, nicht, ob Mädchen sich auch für Pornos interessieren. Aber wenn Mädchen mitbekommen, wie Jungs sich über Pornos unterhalten oder sie sogar auf dem Handy gucken, wobei es meist um die der merkwürdigen, absurden, ekligen Art geht, ist das Geschrei groß. Angewiderte Gesichtsausdrücke, herablassende und

schnippische Bemerkungen und so weiter. Es gibt zwar eine Studie, nach der Frauen auch Pornos gucken, aber entweder verheimlichen die das sehr geschickt, oder es ist eine von diesen Studien, die sich jemand ausgedacht hat.

Zu der Problemfrage, wie sehr einen Pornos jetzt versauen, würde ich gerne mal eine Diskussion in Ethik führen. Das mag sich zwar lebensmüde anhören, aber man hätte als Junge wenigstens mal die Chance, sich zu rechtfertigen. Wo ist bitte das Problem, wenn der eine sich das lieber vorstellt und der andere eine genaue Vorlage braucht? Der eine ist halt kreativer, der andere, na ja. Manche meinen sogar, dass man sich gar nicht mehr so richtig schöne Sachen vorstellen kann, weil der Kopf voll mit Scheiße ist. Ich glaube, die Scheiße vergisst man zum Glück sehr schnell, und es ist trotzdem noch genug Platz für Händchenhalten und Nebeneinander- und nicht Aufeinander-Liegen. Ich wäre schon glücklich, wenn ich mit meinem Traummädchen bloß Tee trinken, reden und lachen könnte oder einfach nur existieren.

Und hier sind wir bei einem Thema, das viel komplexer ist als das Thema Sex: Ich finde, über das »Verliebtsein« richtig mit jemandem zu reden, ist schwer. Dass das Gefühl des Verliebtseins das höchste ist, wissen auch wir. Auch wenn wir das nie so formulieren würden. Der Begriff »verliebt sein« wird eigentlich bei uns mit dem Begriff »auf jemanden stehen« ersetzt, weil es sich dann nicht ganz so ernst anhört. Es ist eine Vereinfachung, aber gleichzeitig ist es auch eine Herabstufung, die es weniger peinlich/schwierig macht, darüber zu reden.

Man möchte natürlich nicht, dass so etwas rumposaunt wird. In der Schule muss man deshalb aufpassen, die Person nicht zu oft vor rüpelhaften Klassenkameraden und Anmachsprüchen zu schützen, sonst würde es den anderen ja auffallen, und alles wäre vorbei. Also berät man sich allerhöchstens mit seinem besten Kumpel darüber. Man tauscht sich über Erlebnisse mit der Person aus, macht sich Gedanken über Geburtstagsgeschenke oder darüber, wie man sie überhaupt erst ansprechen soll. Bei jeder scheiß WhatsApp- oder Facebook-Nachricht ist man sich unsicher, ob man einen Fehler bei der Wortwahl gemacht hat oder sonst was. Wenn diejenige nicht innerhalb kürzester Zeit antwortet, fürchtet man, dass sie noch mit jemand anders schreibt oder mit Absicht nicht antwortet, und starrt verzweifelt auf das Handy. Jede verfluchte Sekunde ist von merkwürdigen Phantasien geprägt, in denen man Heldentaten vollbringt und gemeinsam Abenteuer erlebt. Wenn man z. B. mit der U-Bahn durch ihr Viertel fährt, ist man innerlich angespannt und denkt, sie könnte jeden Moment hereingeschneit kommen, und wenn sie es dann nicht tut, ist man zutiefst niedergeschlagen. Aber das alles ist natürlich strengstens geheim. Jedenfalls versucht man es geheim zu halten.

Was man sich etwa so vorzustellen hat: Paul und Thomas. Beide sind auf dem Weg nach Hause, und Thomas glaubt zu wissen, dass Paul auf Anna steht.

Thomas: »Muss dir doch nicht peinlich sein, sie mag dich doch bestimmt auch.«
Paul: »Mann, Thomas! Wie oft noch. Ich find sie nur nett, das ist alles!! O. k.? Hör doch mal auf, Mann.«
Thomas lässt nicht locker: »Und warum trefft ihr euch dann immer?? Hm?«
Paul: »Weil ich mich mit ihr gut unterhalten kann, im Gegensatz zu dir!«
Thomas weiß, dass er kurz vorm Ziel ist: »Unterhalten, das ist alles?? Boah, du bist so ein Langweiler! Hast du sie noch nicht geküsst oder ge…« (macht sehr deutliche Gesten mit seinen Händen, wobei er Paul angrinst).
Paul: »Fresse, du Spast! Nein, ich will sie auch nicht küssen, Mann. Wir sind richtig gute Freunde, ich will das nicht zerstören.«
Thomas: »Oooh, er wurde gefriendzoned!! Das ist hart! Sorry, kann man nichts machen, passiert den Besten. Nur den Besten.« (Guckt Paul mitleidig an)
Paul: »Hä? Was ist denn das schon wieder: gefriendzoned? Was soll das denn heißen?«
Thomas: »Das, mein junger Padawan, heißt, dass du so nahe am Ziel bist und doch noch so weit entfernt.«

Paul: »Was erzählst du da, Mann?«

Thomas: »Du bist so was wie ein schwuler Freund, ungefährlich und somit uninteressant, was bestimmte Sachen angeht.«

Paul: »Ich bin doch gar nicht schwul. Und was sollen diese bestimmten Sachen denn sein?«

Thomas: »Das weißt du ganz genau.«

Paul: »Boah, ich will sie doch auch gar nicht küssen.«

Thomas: »Sicher, das sagst du dir. Merkwürdig, dabei guckt sie doch immer so komisch nach dir. Ich hätte schwören können ...«

Paul (hoffnungsvoll): »Sie macht was? Jetzt nimm mich nicht auf den Arm, als ob sie ... Macht sie das wirklich?«

Thomas: »Wo du mich so fragst, gestern hat sie nach dir gefragt, als du nicht in der Schule warst.«

Paul: »Sie hat was? Thomas, hör auf, mich zu verarschen! Als ob sie nach mir fragen würde!«

Thomas: »Doch, hat sie, wirklich! Ich schwöre!«

Paul: »Guck mich an ... Ha! Guck, du lächelst, du bist der schlechteste Lügner ever!!!«

Thomas: »Dann glaub mir halt nicht. Ich kann nichts dafür, dass ich bei so was immer lachen muss.«

Paul (platzt fast vor Freude): »Und was ist jetzt mit Friendzone, wie soll ich da wieder rauskommen??«

Thomas: »Sorry, Mann, aber da bist du ein hoffnungsloser Fall, ich wette sogar, dass du dich mit ihren Eltern unterhältst.«

Paul: »Und was hat das jetzt damit zu tun??«

Thomas: »Wenn dich ihre Eltern mögen, ist alles vorbei, jedenfalls in unserem Alter. Dann sagen die immer so was wie ›Triff dich doch mal mit Paul, der ist gut in der Schule, nett ...‹ und schon wirst du mit negativen Dingen in Verbindung gebracht. Sie will ihren Eltern aber eins auswischen, und das geht leider mit dir nicht. Du bist zu höflich, zu nett.«

Paul: »Und ich dachte immer, das wäre was Gutes.«

Thomas: »Ja, ist es auch, später, wenn du heiratest, aber nicht jetzt. Mädchen in unserem Alter stehen auf Angeber, Arschlöcher, unehrliche, männliche, unsoziale Kiffer, Trinker und bad boys. So wie mich.«

Wie das bei den Mädchen abläuft, weiß ich gar nicht. Das ist eben noch geheimer, aber es dürfte dem Geschehen auf unserer Seite nicht so unähnlich sein. Vielleicht haben die noch viel krassere Phantasien mit Pferden oder Vampiren oder so. Wusstet ihr, dass bei *Twilight* der Typ, der den Werwolf spielt, einen Mädchennamen hat?? Ja, »der« heißt Taylor Lautner. Was ich ja schon ziemlich komisch finde, aber es gibt ein paar Dinge, über die man sich als Junge besser nicht lustig macht, und ja, *Twilight* gehört, wie schon erwähnt, dazu. Das macht man einfach nicht. *You do not mess with* Twilight!!! Du legst dich nicht mit *Twilight* an, einfach nein. Machst du nicht, genauso wie du dich nicht über ihre Boygroups, Schauspieler oder süßen Sänger lustig machst. Dann hast du nämlich in einer Sekunde alle Mädchen gegen dich, und zwar für eine ganze Weile. Thomas und ich haben das am eigenen Leib erfahren, als wir über die Maskerade eines bestimmten Rappers gelästert haben. Hätten die Mädchen nicht Verräterinnen in den eigenen Reihen gehabt, wäre ich wahrscheinlich nicht hier, um davon zu berichten.

Das ist eine Sache, wo Mädchen keinen Spaß verstehen. Andere Sachen sind nicht so schlimm. Du kannst ihnen zum Beispiel das Hausaufgabenheft klauen oder das Handy entwenden und nach interessanten Nachrichten durchforsten. Mädchen nehmen so etwas nur als Aufmerksamkeit wahr. Nimmst du ihr Hausaufgabenheft und blätterst darin rum, wird sie bestimmt erst mal etwas sagen wie »Mann, ey! Gib mir mein Heft zurück!«. Doch in Wirklichkeit freut sie sich. Ein Junge hat ihr das Hausaufgabenheft geklaut! Das ist so was wie ein Heiratsantrag in aller Öffentlichkeit. Na ja, fast. Handy ist sogar noch besser, weil sie dann denkt, dass der Junge sich für ihre Chats mit anderen Leuten interessiert, was stimmen kann, aber nicht stimmen muss.

Auf jeden Fall darf man das Handy nicht sofort wieder hergeben, sondern muss ihr ordentlich auf den Geist gehen. Erst nachdem sie das erduldet hat, kriegt sie ihr Handy zurück. So war es schon in der Fünften, und so ist es auch noch in der Zehnten. Das mit dem Handyklauen praktiziere ich aus zwei offenkundigen Gründen nicht: Ich persönlich will auch nicht, dass jemand mir mein Handy wegnimmt. Und wenn es kaputt geht, bist du am Arsch. Egal, wie sehr sich die Mädchen drüber freuen. Also Vorsicht bei dieser Methode!

Womit man auch wirklich aufpassen muss, ist das Werten von sekundären Geschlechtsorganen. Ob positives oder negatives Urteil, beides ist meist unerwünscht. Sei immer auf der Hut, die Wände haben Ohren!

Ich selber bin, egal was Thomas mir rät, einfach freundlich, aufmerksam, höflich, hilfsbereit, ein Gentleman. Oder ein Langweiler? Unauffällig, aber hier und da nimmt man mich vielleicht wahr. Wenn ich einem Mädchen etwas erkläre oder irgendwas im Unterricht vorsagen kann, sind das meine Sternstunden, was positive Aufmerksamkeit angeht. Ich glaube, die meisten Jungs in meinem Alter verbringen sehr viel Zeit damit, Luft für Mädchen zu sein. Es gibt aber genauso Mädchen, die für Jungs unsichtbar sind. Das sind dann Mädchen, die als unterentwickelt gelten, schweigsam oder langweilig. Langweilig ist sowieso ein ganz, ganz böses Wort. Meist werden Mädchen, von denen man nicht viel weiß, weil sie wenig erzählen, als langweilig eingestuft.

Und da wären wir auch schon bei der Lieblingsbeschäftigung von Jungs: werten. Nein, nicht jeder hat seinen eigenen Geschmack. Entweder ist

das Mädchen für den Großteil der Gruppe heiß
oder nicht:

Eine Gruppe von Jungs sitzt auf dem Sportplatz
und langweilt sich. Da kommt plötzlich Karla aus
ihrer Klasse vorbei, sie hat sich neue Schuhe gekauft und falsche Wimpern angeklebt.
Moritz: »Nee, Mann, guck dir die Schuhe an, die
sieht ja richtig asozial aus!«
Leo: »Warum kauft man sich solche Schuhe, Alter?
Und die Wimpern, das sieht so billig aus.«
Moritz: »Denkt sie, dass sie mit den Hot Pants heiß
aussieht? Das ist ja so ekelhaft, da sieht man ja al-
les!«
Bert: »Aber ihre Freundin Helena, die ist richtig
geil, habt ihr mal die Bilder auf Facebook gesehen?«
Leo: »Ist das die mit den Riesentitten?! Boah, Alter,
die ist so geil.«
Moritz: »Ich weiß gar nicht, was ihr an der findet,
die hat doch voll die ekligen Haare.«
Leo: »Gar nicht, die ist mies geil!!«
Bert: »Moritz, halt die Fresse, du hast keine Ah-
nung!«
Moritz: »Ich hab halt Klasse.«
Bert: »Ha, du Knecht, wen findest du denn geil?«
Moritz: »Kennst du die aus der Nebenklasse, die
schon was mit dem aus der Oberstufe hatte, der im-
mer vor der Schule raucht?«
Bert: »Du meinst Lea? Hast recht, die hat voll die
schönen Beine.«

Leo: »Lea? Lea ist doch Flachland. Da ist doch nichts.«

Von diesem Bewerten von anderen Menschen bin ich jetzt nicht so der krasse Fan. Es ist einfach anmaßend, sich so über andere zu stellen, nur um sich selber besser zu fühlen. Aber nicht nur Jungs sind böse, auch Mädchen bilden sich unglaublich viel ein. Vor allem Jungs, die jünger sind, sind bei ihnen meist sowieso unten durch. Was mich eigentlich nicht betreffen sollte, da ich ein Jahr älter bin als die meisten in meiner Klasse. Das reicht aber immer noch nicht, denn manche Mädchen sind wirklich davon überzeugt, dass sie uns geistig weit, weit voraus sind. Woran ich, so ganz nebenbei, meine Zweifel hege.

Thomas erzählt manchmal Abenteuergeschichten von Partys. Er meinte, er habe einmal fast mit einem Mädchen geschlafen, aber dann musste sie schon gehen, und er hat ihre Nummer verloren. Aber sicher.

Auf den Partys, auf denen ich war, passierte so was nicht. Den meisten ist es sogar zu peinlich zu tanzen. Die rauchen lieber, betrinken sich, und wenn dann mal jemand geküsst wird, fühlt man sich wieder in die Grundschule zurückversetzt, wo auch alles noch aufregend und neu war. Es wird großes Theater gemacht, und am nächsten Tag ist meist alles vergessen. Klar gibt es dann auch Jungs, die sich an die richtig besoffenen Mädchen ranmachen, aber da passen meistens die Freundinnen auf, dass nichts passiert.

Das klingt jetzt so, als wären wir Jungs diese übelst asozialen Arschlöcher. Irgendwie kommen wir bei diesem Thema nie so richtig gut weg. Aber man muss bedenken, dass es für uns in diesen Dingen immer noch ziemlich schwer ist. Finde ich jedenfalls. Man soll dazu stehen, wenn man verliebt ist, und es dann aber ertragen, wenn die andere Person es nicht ist und sich ihre Freundinnen über einen lustig machen. Man sagt zwar, dass wir nicht mehr den ersten Schritt machen müssen, aber irgendwie wird das doch immer noch erwartet. Und wenn es dann klappt, muss alles immer publik sein, weil das Mädchen sonst denkt, es wäre einem peinlich; mit ihr zusammen zu sein.

Daran können Beziehungen scheitern, bevor sie begonnen haben. Beide können total verknallt sein, aber wenn sie sich dann nicht trauen, passiert halt nix, und man darf weiterträumen. Ich weiß zwar, dass es immer besser ist, etwas zu tun, als nichts zu tun, aber irgendwie ist es schon eine Überwindung. Mit sich selber und anderen ehrlich zu sein, ist schwer.

7

Schule und Sinn und warum es doch gut wäre, wenn manche Lehrer ein bisschen mehr so wären wie der drogenkochende Chemielehrer aus Kapitel 4

Es gibt Tage, da läuft einfach alles schief. Du hast verschlafen, konntest nicht mehr duschen, bist gerade noch so pünktlich gekommen, und in dem Moment, in dem du den Lehrer reinkommen siehst, weißt du, er hat auch schlecht geschlafen und keine Lust auf deine Klasse. Er schreibt irgendwas an die Tafel, sagt knapp was dazu, lässt euch das Buch aufschlagen, Einzelarbeit. Nach zehn Minuten fängt die gesamte Klasse an, sich zu langweilen, alle quatschen und holen unter dem Tisch heimlich ihre Handys raus. Plötzlich steht der Lehrer vor dir und fragt dich, warum du quatschst, du wärst ja noch nicht mal mit der Hälfte der Aufgaben fertig. Und schon bist du das Arschloch, während die ganze Klasse so tut, als hätte sie alles. Du wirst eingetragen, musst nach vorne und eine Formel erklären, die du ganz sicher noch nie zuvor gesehen hast, er will offenbar ein Exempel an dir statuieren. Und anstatt dir zu helfen, fallen dir deine Klassenkameraden in den Rücken und heben winselnd den Finger, und der Lehrer guckt dich mitleidig an und gratuliert sich, weil er sein Ziel erreicht hat. Er hat dich vor all deinen Freunden und vor dem nettesten Mädchen der Klasse bloßgestellt.

Schließlich erlöst er einen deiner Klassenkameraden, bevor der an einem Armkrampf elendig verendet. Aufgeregt und stolz gibt dieser die Lösung von sich, der Lehrer belohnt ihn wie einen Hund, der nach gelungenem Kunststück ein Leckerli bekommt, mit einem anerkennenden Nicken.

Endlich darfst du dich wieder setzen, und für den Rest der Stunde betreibst du Unterrichtsverweigerung. Als es zur Pause klingelt, packen alle ihre Sachen und machen sich auf den Weg zur Tür, nur du bleibst zurück, weil du jetzt nicht unbedingt mit diesen Arschlöchern abhängen willst. Als die Hälfte der Klasse schon den Raum verlassen hat, schreibt der Lehrer an die Tafel: Morgen große Vokabelwiederholung! Seite 189 bis 200, Grammatik-Lektionen 34/35. Und du weißt, dass niemand außer den üblichen Verdächtigen lernen wird und dein Nachmittag entweder gelaufen ist oder dir eine Sechs droht.

Davon abgesehen: Warum schreibt man auch die Hausaufgaben erst an, wenn die Hälfte der Klasse schon draußen ist?

Bei der Hausaufgabendosis gibt es unterschiedliche Methoden. Manche Lehrer sind der Meinung, dass eine eng beschriebene Tafelhälfte genau das richtige Pensum ist, andere wiederum wollen nur, dass man sich das Behandelte noch mal anguckt und nicht sofort wieder vergisst. Wieder andere wollen, dass die Schüler sich den neuen

Stoff am besten selbst mit Hilfe von Wikipedia beibringen. Was also tun, wenn man Vertreter aller vier Philosophien an einem Tag hat? Wie soll man so etwas bewältigen? Die Antwort ist ganz einfach: Gruppenchat. Im Gruppenchat macht jeder Schüler, der will, einen Teil der Hausaufgabe und schickt dann ein Bild davon, das die anderen abschreiben. Und am nächsten Tag haben alle alles. Was man möglichst vermeiden sollte, ist, die Hausaufgaben wörtlich zu übernehmen. Wenn die Hausaufgaben eingesammelt werden, kriegen nämlich beide einen Anschiss und eine »Sechs to go«, wie es Lehrer mit Humor nennen würden.

Was die meisten Lehrer auch häufig vergessen, ist, dass sie nicht das einzige und wichtigste Fach unterrichten. Zwar ist eine kleine Aufgabe in Mathe noch zu schaffen, aber wenn dann noch die Erörterung in Deutsch, der Essay in Ethik, die Vokabeln und die Grammatik in Latein dazukommen und man sowieso bis halb vier Schule hat, dann noch Sport macht, kann es schon mal vorkommen, dass man keine Lust mehr hat, um zehn Uhr abends noch Physik zu machen, zumal man im Unterricht nichts verstanden hat.

Meistens lerne ich sowieso nur für die nächste Arbeit. Wenn ich die Arbeiten zurückbekomme, kann ich schon nur noch mit der Hälfte was anfangen, weil ich schon wieder alles vergessen habe. Ich bin ja jetzt in die 10. Klasse gekommen, also länger in der Schule als die meisten Arbeitnehmer irgendwo arbeiten. Wenn ich mich frage, was ich eigentlich behalten habe, bleibt nicht so viel übrig. Ich kann die Grundrechenarten, mit meinem Taschenrechner arbeiten, lesen und schreiben, wobei Rechtschreibung bei mir so eine Sache ist, genauso wie Zeichensetzung. Mein Lehrer sagt, ich würde mit den Kommas umgehen wie ein Bauer, der das Korn streut, und einfach eine Handvoll über den Text verteilen. Dann kann ich noch ganz gut Latein und Altgriechisch übersetzen, habe aber so ein Gefühl, dass ich beides nach dem Abi ganz schnell vergessen werde.

Was noch? Ich kann Volleyball und Basketball, was mir bestimmt noch irgendwann nützlich sein wird. In Geschichte habe ich gelernt, wie man eine Quellenangabe macht und historische Quellen auf Glaubhaftigkeit überprüft, sowie den Großteil der Geschichte Deutschlands. Im Philosophieunterricht hat mich der Gottesbeweis von Descartes völlig verwirrt, und das Höhlengleichnis fand ich recht unterhaltsam. Außerdem kann ich jetzt logische Argumente in unterschiedliche Kategorien einordnen, wie zum Beispiel ... Mist, vergessen! Argumentieren kann ich aber trotzdem. Darüber hinaus kann ich eine Präsentation mit der Hilfe von PowerPoint durchführen. Das halte ich für sinnvoll, weil Präsentationen später im echten Leben vermutlich gebraucht werden.

Ich könnte bestimmt ein paar Punkte mehr

finden, wenn ich lange überlege. Aber allein die Tatsache, dass ich da erst kramen muss, ist schockierend. Zehn Jahre. Warum muss ich so viel auswendig lernen, wenn ich sowieso alles vergesse? Vielleicht ist das ja auch der Sinn von Schule, dass man sich daran gewöhnt, dass viel Arbeit, die man sich im Leben macht, keinen Spaß macht und niemandem etwas bringt. Warum müssen wir alle Mathe lernen, wenn nur zwei Leute in meiner Klasse sich dafür interessieren und der Rest größte Mühen hat, etwas zu verstehen, was er garantiert nie wieder brauchen wird?

Und warum hatten wir nur zwei Jahre Unterricht in Programmen wie PowerPoint oder Word? Was ist mit Programmieren? O. k., vielleicht ken-

nen sich die Lehrer mit so etwas nicht so gut aus, aber warum holt man dann nicht Leute, die das können? Handwerken, Kochen, Nähen – all das fehlt auf einem Gymnasium auch. Darstellendes Spiel und Sport sind die einzige Abwechslung im Stundenplan eines Schülers.

Ich würde lieber was machen, von dem ich denke, dass es mir weiterhelfen könnte. Und wenn ich mich schon nicht spezialisieren darf, würde ich gerne besser verstehen, wozu ich all das Wissen eigentlich brauche. Nicht im Sinne von Nützlichkeit, sondern um zu verstehen, was genau an diesem Fach jetzt so geil ist und wie es mit dem großen Ganzen zusammenhängt, dem Leben außerhalb der Schule, der Welt da draußen. Da hilft es natürlich nicht wirklich, wenn der Lehrer dir als Erstes erzählt, dass er Latein nie wieder gebraucht hat.

Ich erwarte jetzt nicht, dass der Lehrer im Unterricht völlig ausrastet und auf den Tisch springt wie Jack Black in *School of Rock*, obwohl das schon ziemlich cool wäre, nein, was schon völlig reichen würde, ist eine Energie, die die Schüler ansteckt. In der Serie *Breaking Bad* gibt es eine Szene, in der der schwerkranke Chemielehrer Walter White, aus dem später ein Crystal-Meth-Kocher wird, seiner Klasse erklärt, warum Chemie wichtig ist. In wenigen Sätzen habe ich zum ersten Mal verstanden, was an Chemie eigentlich der Witz sein könnte: »Bei Chemie geht es um Materie, aber in meinen

Augen geht es bei Chemie eigentlich um Veränderung: Elektronen verändern ihre Energielevel, Moleküle verändern ihre Verbindungen, Elemente verbinden sich. So wie das ganze Leben, oder? Darum geht es doch die ganze Zeit, um diesen Zyklus. Lösung, Auflösung, immer wieder. Erst Wachstum, dann Verfall, dann Transformation. Es ist wirklich faszinierend.« Nach der Folge hatte ich zum ersten Mal das Gefühl, dass Chemie eigentlich ein ganz interessantes Fach sein könnte, obwohl ich es schon zwei Jahre hatte. Ein bisschen mehr, und ich würde wieder Hausaufgaben machen.

Was auch super ist, wenn Lehrer eine Geschichte erzählen, die sie selber erlebt haben. Es ist einfach glaubwürdiger, wenn jemand aus Erfahrung spricht, und man kann es sich auch besser merken. Wir hatten zum Beispiel mal einen Polizisten bei uns in der Klasse, weil wir 14 geworden waren und somit strafmündig. Er erzählte uns die Geschichte von einem Mann, der erstochen wurde, weil er versucht hatte, jemandem in einem Streit zu helfen. Der Polizist meinte, dass der Mann wahrscheinlich auch noch am Leben wäre, wenn dieser gewusst hätte, was er uns an diesem Tag erzählen wolle: nämlich, wie man sich bei Überfällen oder Angriffen verhält, ohne sich oder andere in Gefahr zu bringen.

Ich kann mich immer noch daran erinnern. Erste Regel: wegrennen. Zweite Regel: wegrennen. Dritte Regel: Wenn man nicht wegrennen kann,

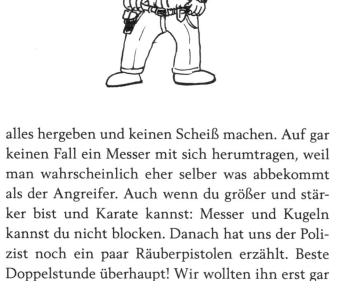

alles hergeben und keinen Scheiß machen. Auf gar keinen Fall ein Messer mit sich herumtragen, weil man wahrscheinlich eher selber was abbekommt als der Angreifer. Auch wenn du größer und stärker bist und Karate kannst: Messer und Kugeln kannst du nicht blocken. Danach hat uns der Polizist noch ein paar Räuberpistolen erzählt. Beste Doppelstunde überhaupt! Wir wollten ihn erst gar nicht gehen lassen.

Aber so lehrreich ist Schule normalerweise nicht. Trotzdem ist sie ganz cool, weil es der Ort ist, an dem man jeden Tag seine Freunde sieht. Man quält sich zwar durch die Stunden, aber wenigstens hat man Leute, mit denen man das zusammen durchsteht. Es muss nicht dein bester Freund sein, mit dem du über die vergangene Stunde abkotzt, aber es ist jemand, dem es genauso geht. Und manchmal fällt auch die letzte Stunde aus, und wir gehen raus, Fußball spielen, und vielleicht macht sogar ein Lehrer mit und spielt dir den entscheidenden Pass zu, den du dann verwandelst. In so einem Moment ist alles vergessen, alte Rivalen beglückwünschen sich, und Lehrer bekommen auch mal einen anderen Eindruck von den Schülern und andersherum natürlich auch. Außerdem, wenn man hin und wieder Sachen macht, die nichts mit dem Stoff zu tun haben, kommt man meist besser aus.

Ach so, eine gute Sache gibt's noch: das Auslandsjahr. Das Auslandsjahr gehört heute zum Schülerdasein wie das Klingeln des Handys und die darauf folgende Beschlagnahmung durch den Lehrer. Die meisten freuen sich schon Jahre vorher: Man erlebt mal was anderes, lernt eine neue Kultur kennen, kommt von dem ganzen Stress zu Hause weg, wird einfach selbständiger und erwachsener.

Wenn deine Eltern genug oder zu viel Geld haben, dann kommst du wahrscheinlich auf ein Internat in Schottland oder England. Weil die Lehrer dort unglaublich gut sind und weil man Disziplin lernt, wie die Erwachsenen behaupten. Natürlich erhoffen sie sich auch, dass man danach ein so wunderschönes Englisch spricht wie der Butler bei

Batman und dass der Karriere in einem internationalen Konzern nichts mehr im Wege steht.

Wenn man nicht so viel Geld hat, bleibt einem nur zu hoffen, dass man weitgereiste Eltern hat, die Freunde in vielen Ländern haben, so dass einem die ganze Welt offensteht und man nur die Qual der Wahl hat. Ich träume von so einer Martial-Arts-Klosterschule wie in *Batman Begins*, falls den jemand geguckt hat. Wenn du von dort zurückkehrst, kann dir keiner mehr was.

Meine Mutter hat mich mal zu so einer Austausch-Messe mitgeschleift, wo wir uns dann fünf Kilo Magazine mit grinsenden, fröhlichen Schülern drauf geholt haben. Meistens sieht man darauf einen Schwarzen, eine Asiatin und einen Europäer glücklich zu dritt durch den Flur einer Schule hüpfen. Ich glaube, diese Hefte sind eher an Eltern gerichtet, die offenbar der Meinung sind, dass ihr Kind in seiner Schule nicht oft genug fröhlich durch die Gänge hopst.

Natürlich hat jeder von uns einen Traumberuf oder eher eine Traumvorstellung, die wahrscheinlich wenig mit der Realität zu tun hat. Leute in meinem Alter wollen so wenig wie möglich arbeiten und so viel wie möglich verdienen. Jungs wollen zum Beispiel Spiele-Tester werden. Mädchen sind da anders, sie wollen etwas Sinnvolles machen und Leuten helfen. Ehrlich, ich hasse es zu verallgemeinern, aber ich kenne viel mehr Mädchen, die Ärztinnen werden wollen, als Jungen. Es gibt bestimmt auch Mädchen, die Model oder Schauspielerin werden wollen, nur erfährt man selten davon, weil Jungs ja nicht dafür bekannt sind, besonders einfühlsam zu sein, wenn es um Träume geht. Vor allem haben viele von uns nicht mal ein richtiges Lieblingsfach und deswegen keine Idee, was ihnen Spaß machen könnte. Oder sie denken, sie müssten realistisch/pessimistisch sein, weil das von »Erwachsensein« zeugt, und sagen, es würde sowieso nicht funktionieren, als Deutscher ein erfolgreicher Schauspieler zu werden oder so. Ich selber könnte mir so ziemlich alles vorstellen. Comiczeichner – oder Briefträger und in aller Frühe die Briefe verteilen und dann den Rest des Tages entspannen. Oder der coolste Lehrer überhaupt sein.

Ja, manchmal denke ich wirklich, dass ich einfach Lehrer werden will, damit Schule nicht so langweilig ist. Ich meine, so schwer ist es gar nicht, sich bei den Schülern beliebt zu machen: wenig Hausaufgaben geben und etwas Ahnung von Serien, Filmen und Spielen haben, dann ist die Sache geritzt. Man wäre der Gott unter den Lehrern. Aber andererseits gibt es auch die ganz unmotivierten Schüler, die nicht einmal nach dem epischen Gitarrensolo, das ich ihnen vorführen würde, klatschen würden. Für die müsste ich mir dann noch was Spezielles überlegen.

8

The Blue Skeletons
of November –
unsere Musik

Ich weiß nicht mehr, seit wann, aber wahrscheinlich schon seit einem Jahr dringen laute Beats und dumpfe Stimmen aus dem Zimmer meines 14-jährigen Bruders. Beim Abendbrot erzählt er dann, was seine großen Vorbilder wieder Krasses gemacht haben: Kollegah hat dieses und jenes gesagt, aber dann hat Bushido …, und dann hat Kay One …, und dann hat der ihn gedisst, und jetzt hat er voll Angst, dass sie ihn fertigmachen, und wusstet ihr schon, dass Haftbefehl mal ein Wettbüro hatte? So geht das die ganze Zeit. Irgendwie sind sie seine Antihelden geworden. Sie sind oberflächlich, brutal, hart, reich und machen, was ihnen gefällt. Sie singen davon, wie sie ihre Freundin verprügeln, Schutzgeld erpressen, sich im Stripclub oder beim Gangbang von ihrem letzten Gefängnisaufenthalt erholen und irgendwann ihrer Mutter, die immer alles für sie getan hat, ein großes Haus kaufen werden.

Keine Ahnung, warum mein Bruder das so cool findet. Ich würde tippen, dass ihm das Verbotene, Unbekannte daran imponiert oder ihn interessiert. Schnelle Autos, Drogen, Geld, Berühmtsein, Fans – das findet man in dem Alter doch geil. Außerdem sind Rapper cool und haben Style, also

teure Klamotten und wertvolle Goldketten. Und nichts will man mehr, als cool sein und akzeptiert werden. Am besten von so vielen Leuten wie möglich. Außerdem stehen Rapper im totalen Gegensatz zu den Moral- und auch sonstigen Vorstellungen unserer Eltern. Sie sind das perfekte Mittel zur Rebellion. Meinen Eltern gefällt die Musik folgerichtig auch gar nicht. Mein Bruder ist natürlich nicht der Einzige in unserer Schule, der darauf steht. Fast alle Kinder zwischen 10 und 14 hören Bushido, Farid Bang und Haftbefehl. Auf meinem Schulhof kommen manchmal Fünftklässler zu uns,

© Oskar Bühre

sagen ein paar auswendig gelernte Zeilen auf, rufen: »Oh gedisst!«, und rennen dann ganz schnell weg.

Mein Bruder kommt jetzt dauernd an und grölt irgendwelche Zeilen, die er auswendig kann, auch wenn er gar nicht weiß, was damit gemeint ist. Letztens haben ihm meine Eltern erklärt, warum die Songzeile »Du wirst in den Arsch gefickt wie Wowereit« schwulenfeindlich ist. Das hat er dann aber auch eingesehen. Bushido fände er sowieso nicht so gut, und außerdem, wer fände denn den Text schon wichtig. Jeden Abend will er meinem Vater ein neues Video von irgendeinem Rapper zeigen. Er findet es unglaublich unfair, dass keiner bei uns zu Hause mit solchen Musikern etwas anfangen kann. Niemand würde seine Musik mögen! Und »unsere Musik« würde er ja auch hören.

Auch wenn ich die Begeisterung meines Bruders für Rap nicht teile, bin ich dennoch nicht nur das Opfer seiner Vorliebe. Die Wahrheit ist: Ich habe wegen ihm den Film *8 Mile* geguckt und so nicht nur einen neuen Lieblingsfilm entdeckt, sondern auch einen Rapper, dessen Musik ich sehr gut finde: Eminem, um dessen Leben es in dem Film geht und der für den Titelsong *Lose Yourself* einen Oscar bekommen hat. Eminem hat jetzt bestimmt im Laufe seines Lebens auch ein paar blöde Sachen gesagt und getan, war drogenabhängig und was weiß ich noch alles, aber er ist mir irgendwie sympathisch. Vielleicht liegt das an dem Film oder an meinem Lieblingssong von ihm: *Mockingbird.* Das ist ein Einschlaflied für seine Kinder, in dem er sich für alles entschuldigt, was passiert ist, seit er berühmt geworden ist.

Ansonsten höre ich Musik, weil sie mir gefällt, und nicht, weil ich zu einer bestimmten Gruppe gehören oder Leuten damit auf die Nerven gehen will. Ich hab sogar ein paar Musiker von meinen Eltern übernommen, wie zum Beispiel die Beatles, Green Day, The Roots, Deftones, Slipknot, Cat

Stevens, Simon & Garfunkel, Tom Waits, Neil Young oder Johnny Cash. Die meisten habe ich schon als kleines Kind gehört, die Beatles auf Autofahrten oder Tom Waits zu Weihnachten. Deutschrap höre ich wenn dann nur aus Spaß, oder wenn mir mein Bruder den neuesten Song von irgendwem vorspielen will.

Jetzt in der Zehnten ist die Deutschrap-Phase sowieso bei den meisten vorbei. Hip Hop erfreut sich aber insgesamt immer noch großer Beliebtheit, aber halt eher auf Englisch. Heavy Metal oder Rock finden dagegen nur sehr wenige gut. Ich weiß nicht, was es ist, aber alle verziehen sofort die Fresse, wenn Gitarrenriffs und Schlagzeug kommen (bis auf die paar wenigen, die wiederum AC/DC für sich entdeckt haben).

Überhaupt differenziert sich in unserem Alter alles aus: Die Charts sind plötzlich Mainstream, und Mainstream ist plötzlich scheiße, und es ist plötzlich cool, Musiker zu kennen, von denen kein Schwein aus deiner Klasse jemals gehört hat. (Was die Sache für mich wiederum schwierig macht, weil ich schon immer die Meinung vertreten habe, dass man seinen Musikgeschmack nicht nach den Charts richten sollte. Jetzt, wo alle so denken, finde ich es blöd und höre wieder Songs aus alten Charts wie *Low* von Usher oder *Candy Shop* von 50 Cent.)

Mein Vater erzählt mir immer, dass man früher, um seine eigene Musik zu entdecken, in den Plattenladen gegangen ist und sich umgeguckt und gekauft hat, was es so Neues in deiner Musikrichtung gab. Heute gucken wir auf Spotify, was andere so hören, der coole Typ aus der 11. oder sonst wer, von dem man sagt, er habe Ahnung, und dann landen wir so womöglich wieder bei Sachen, die unseren Eltern schon gefallen haben oder sogar unseren Großeltern. Bei Michael Jackson zum Beispiel oder Louis Armstrong. In unserer Klasse jedenfalls ist der Musikgeschmack wegen Spotify und YouTube zum Teil so individuell geworden, dass ich von einem Großteil der Musik meines Banknachbarn noch nie gehört habe. Sich zu Gruppen zusammenzuschließen, die sich über ihre Musik definieren, wie wir es aus alten Filmen kennen, wo es Punker oder Rocker oder Mods gab, ist für uns undenkbar. Alle hören viel zu unterschiedliches Zeug, und selbst Hip Hop taugt nicht mehr als Merkmal einer Subkultur. Raten Sie mal, welche Musik mein Vater angestellt hat, als er mich neulich in seinem Auto mitgenommen hat? Genau! Es ist einfach die Musik, mit der alle klarkommen, und die coolste Musikrichtung. Und darum geht's ja eigentlich auch: Du willst was hören, das alle gut finden. Ich würde zum Beispiel nie im Leben Simon & Garfunkel aufdrehen, wenn alle meine Freunde da sind.

Das also ist es ungefähr, was sich unter den Kopfhörern abspielt, mit denen nicht nur Mario

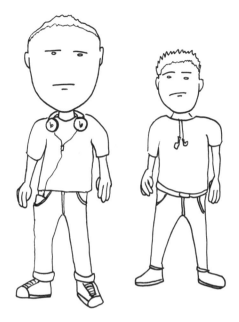

Götze und Jérôme Boateng herumlaufen, sondern alle Jungs zwischen 12 und 16. Oft hören wir aber auch gar nichts und laufen trotzdem mit Kopfhörern rum, einfach weil wir es cool finden. Auf diese Weise kann man außerdem richtig gut Gespräche meiden oder sich in der Fünf-Minuten-Pause von allen abkapseln, ohne sich lange erklären zu müssen.

Kopfhörer sind im Moment fast schon wichtiger wie die Musik, die aus ihnen kommt, eine Art Statussymbol. Es gibt die fetten, teuren, die große Polsterungen haben und den besten Sound, wobei die »Beats by Dr. Dre« die von Sony schlagen, was Style, Sound und leider auch den Preis angeht. Und dann gibt es die kleinen weißen, meist von Apple. Mädchen laufen gerne damit zu zweit über den Schulhof, die eine hat den einen Stöpsel im rechten, die andere den zweiten Stöpsel im linken Ohr, dazu hüpfen sie dann im Takt oder laufen wenigstens im Rhythmus.

Sowieso Tanzen: Mädchen fällt das Tanzen leichter als Jungs, oder vielleicht werden sie auf Partys auch einfach schneller betrunken. Auf jeden Fall tanzen fast alle Mädchen schon gleich am Anfang der Party los, während es auf unserer Seite viele Liter Wodka, Bier, Schnaps und zahlreiche Ermunterungen seitens der Mädchen braucht, bis zumindest mal der Fuß im oder gegen den Rhythmus wippt. Aber schließlich hüpfen dann doch alle rum, machen ihre Interpretation von John Travolta oder Michael Jackson oder einen Breakdance-Move, den sie zu Hause stundenlang einstudiert haben. Oder sie täuschen ungewollt einen Epilepsie-Anfall vor. Manchmal bilden sich auch Kreise, und man wird in die Mitte gedrängt, damit man seine »Moves« machen kann, wobei die Moves bei uns eher unspektakulär sind, denn wir sind nun mal nicht in L. A., sondern in Deutschland, wo man in seiner Jugend eher Tuba übt als mit seinen Homies Breakdance macht. Nichts gegen Tuba, aber ihr wisst, was ich meine.

Apropos Tuba: Die meisten von uns spielen seit der Grundschule irgendein Instrument. Die, die bis vor kurzem noch brav *Peter und der Wolf* geübt haben, weigern sich spätestens mit 13 Jahren, damit weiterzumachen, oder wollen zumindest die Filmmusik aus *Titanic* spielen. Oder sie wünschen sich gleich ein Schlagzeug zu Weihnachten. Ich selbst habe Glück gehabt, was die Wahl meines Instruments betrifft, ich spiele ungefähr seit einer Ewigkeit Gitarre.

Neulich dachte ich, es wäre mal cool, Musik mit anderen Leuten zu machen, nicht um an einer Castingshow teilzunehmen, sondern einfach so, aus Spaß und weil Leute, die eine Band haben, cool sind und weil es bei Mädchen angeblich gut ankommt. Also hab ich meine Kumpel gefragt, ob sie Bock hätten, eine Band zu gründen, und alle waren gleich Feuer und Flamme. Wir wollten uns einen richtigen Übungsraum bei mir im Keller einrichten, Mikros kaufen und loslegen. Der Name stand schon fest, noch bevor ein einziger Ton erklungen war: The Blue Skeletons of November.

Bei dem Namen konnte eigentlich nichts schiefgehen. Als wir dann unsere erste Probe hatten, merkten wir, dass wir gar nicht wussten, was für eine Art von Musik wir eigentlich machen wollten. Während Leo und ich uns überlegten, was man mit zwei Gitarren und dem Schlagzeug meines Bruders anfangen könnte, fing Franz an, demotiviert das Gerümpel im Keller zu durchforsten. Am Ende hatte er einen Skihelm und zwei alte Boxhandschuhe gefunden, die er sich gleich anzog.

Wir beschlossen zu improvisieren. Franz hatte zwar noch nie Schlagzeug gespielt, schlug sich aber wacker. Er schlug so doll auf das Becken, dass der eine Stick einfach abbrach. Er war ziemlich verwirrt, aber wir versicherten ihm, dass das selbst den Besten passiert. Er spielte danach nur noch mit einem Stick weiter und benutzte den linken Boxhandschuh wie ein echter Drummer, während ich und Leo ihn dazu bringen wollten, leiser zu spielen, weil er unsere akustischen Gitarren übertönte, was er aber auf Grund des Skihelms nicht verstand. Er nickte nur fröhlich und schlug weiter nach dem Becken. Leo und ich waren am Ende so frustriert, dass wir einfach aus dem Keller gingen, um in mei-

The Blue Skeletons of November im Jahr 2065

nem Zimmer Comics zu lesen. Franz kam dann auch irgendwann hoch und fing an, uns mit seinem Stock zu piken.

Ich war ziemlich schlecht drauf an dem Nachmittag. Ich hatte mir das alles irgendwie professioneller vorgestellt. Ja, das Leben ist kein Wunschkonzert und auch keine Talentshow.

Nach unserem Kellererlebnis war ich von dem Gedanken geheilt, eine Band haben zu wollen, aber nicht von der Musik. Vor allem beim Hausaufgabenmachen ist sie lebensnotwendig. Meine Eltern halten davon eher wenig. Sie behaupten, dass es meine Konzentration schwächt. Ich finde, dass die Musik einen eher motiviert, weil das Lernen damit weniger langweilig ist. Es gibt Leute, die sich dabei nicht so gut konzentrieren können, aber ich male auch gerne mit Musik. Für mich geht das ganz gut. Nur bei Sachen, wo ich wirklich nachdenken muss, wie Mathe, Physik oder Latein, da nervt es sogar mich.

Außerdem brauche ich sie bisweilen, um die Gangsta-Musik meines Mitbewohners zu übertönen, wobei mein Bruder endlich auch Fortschritte macht: Er hört vor allem immer weniger deutsche Rapper, die ich von allen am wenigsten ausstehen kann, weil sie diesen unglaublich asozialen Unterton haben. Die amerikanischen sind vielleicht ähnlich drauf, aber man versteht den Text im Englischen immerhin nicht wirklich. Also, die Situation scheint sich jetzt, wo mein Bruder 14 geworden ist, langsam zu normalisieren. Wahrscheinlich war es ihm dann doch nicht wert, nur wegen des Rebellierens immer dieselbe eintönige Musik zu hören.

9

Und gebt mir bitte,
bitte keine bescheuerten
Namen – Konflikte
mit Eltern

Früher war alles viel einfacher! Nein, das denkt nicht nur ihr, das denke auch ich. Früher habe ich nur dieselbe Musik gehört wie meine Eltern, so getan, als fände ich Computerspiele blöd und Fernsehen langweilig. Bücher waren das Spannendste auf der Erde, weil meine Eltern das so sahen, und auch in allen anderen Dingen war ich derselben Meinung wie sie. Ich fand sie sogar ... unaussprechliches Adjektiv ... coo- ... Nein, das kann's nicht gewesen sein, hm ... auf jeden Fall waren sie einst so etwas wie unsere Bros (= Kumpels).

Ich hab einfach versucht, meinen Eltern zu gefallen, und wollte genauso werden wie sie. Alles, was meine Eltern sagten, war richtig, alles, was sie als falsch empfanden, war schlecht. Wenn ich etwas wissen wollte, habe ich einfach meine Eltern gefragt, die hatten schließlich den Durchblick. Ich bin Problemen mit ihnen aus dem Weg gegangen, habe Diskussionen gemieden, habe fast nichts hinterfragt von dem, was sie gesagt haben. Man vertraut seinen Eltern ja schließlich blind. Warum auch alles kompliziert machen und selber denken?

Ja, warum eigentlich? Weil ich es kann! Deswegen! Ich muss mir doch meine eigene Meinung bilden und kann nicht einfach die Sicht meiner Eltern übernehmen. Ich will doch ein eigener und unabhängiger Mensch sein und nicht ein Jasager oder die kleine Marionette von jemandem! Dazu sind Meinungsverschiedenheiten in der Pubertät doch da, und darum sind sie doch auch für uns so wichtig. Eigenartig, dass sich Erwachsene so schwertun, das zu verstehen. Der kleine Junge, der immer so gerne wandern war oder begeistert Rad gefahren ist, findet plötzlich beides unglaublich langweilig und scheiße. Der Junge, dessen Lieblingsfach früher Kunst war, fängt mit seiner Kunstlehrerin eine Diskussion über ein Zeichenprojekt an. Infolgedessen bekommt er in diesem Schuljahr die erste, aber nicht die letzte Vier. Ihn selber scheint das alles eher wenig zu kümmern, aber seine Eltern finden, dass er anfängt, sich keine Mühe mehr zu geben, und sich ausruht. Vor allem aber denken sie, dass er sich absichtlich mit Lehrern anlegt und dass er es sich damit schwerer macht, als er eigentlich müsste.

Wobei ich sagen muss, im Großen und Ganzen komm ich mit meinen Eltern trotz allem ganz gut klar. Krass, oder?! Ich mach halt eher wenig Stress, mach meine Hausaufgaben, bin o. k. in der Schule, treff mich mit Freunden, lese Bücher und zocke eher wenig ... pflegeleicht würde man wohl zu so jemandem sagen. Meine Eltern würde ich auch eher als locker beschreiben. Bei einer Vier in

Mathe wird mir zum Beispiel sofort Nachhilfe angeboten (nicht aufgezwungen! Ich kann mich da noch rausreden). Und bei *Game of Thrones* will man mir zwar noch die Enthauptungen und einige der interessanteren Bettszenen vorenthalten, doch auch hier gewinne ich meistens mit dem Argument: Und *Herr der Ringe?* Beides lässt sich eigentlich nicht vergleichen. Bei *Herr der Ringe* werden zwar auch »Leute« enthauptet, aber wenn, dann meistens nur die dreckigen, bösen Orks, die es ja auch verdient haben, und nicht alle deine Lieblingscharaktere wie bei *Game of Thrones* in der dritten Staffel.

Ja, ich guck mit meinen Eltern Serien. Sie haben mich schließlich abhängig gemacht. Ihnen hab ich es zu verdanken, dass ich im Fach Serien eigentlich immer auf dem neuesten Stand bin.

Obwohl wir uns also eigentlich ganz gut verstehen, gibt es ab und zu mal diese kleinen Auseinandersetzungen, die mein friedliches Dasein stören. Fangen wir mit den harmlosen Problemen an, und kommen wir dann zu den ernsteren. Einige habe ich vielleicht selbst zu verantworten, in anderen Fällen bin ich aber eindeutig unschuldig. Aber seht selbst:

- Ich will nicht mehr wie ein Baby behandelt werden. Oder wie ein Leibeigener.

Ich sitze zum Beispiel ganz harmlos auf dem Sofa oder sonst wo, und schon kommt meine Mutter an und betrachtet mit irritiertem, fast schockiertem Blick meine Stirn.

Ich (verzweifelt und genervt): »Mama. Bitte, hör auf!«

Mama (ganz unschuldig, während sie fasziniert die Vegetation auf meiner Stirn betrachtet): »Was denn?«

Ich: »Hör bitte auf, dir meine Pickel anzugucken!«

Mama: »Aber das sieht wirklich nicht gut aus, lass mich doch da mal kurz ran. Oder ich schick dich zur Kosmetikerin.«

Ich (während ich selbst an einem Pickel pule, bevor sie es tut): »Och, komm schon, lass mich doch einfach mal in Ruhe!!! Bitte hör auf!«

Mama: ›Na gut, dann eben nicht.« (Seufzt dramatisch.)

Irgendwie macht es ihr unheimlichen Spaß, meine Pickel auszudrücken. Nur, um das mal klarzustellen: Ich mach nur ihr zuliebe mit, sonst tut sie immer ganz unglücklich und will ein Mädchen haben, dem sie Zöpfe flechten kann. Sie ist halt die einzige Frau in der Familie.

- Ich will auch nicht wie ein Fünfjähriger behandelt werden!

Wenn man sich einen Film oder ein Video im Internet anguckt, kommt meist Werbung der lästigen Art. Irgendwelche Omas und Frauen sind nur einen Kilometer entfernt und wollen sich im besten Fall nur mit dir treffen. Meist haben sie sehr wenig bis gar nichts an. Wenn meine Mutter das sieht, BATSCH, klatscht sie mir die Hand vor die Augen, und ich darf erst wieder gucken, wenn die Werbung weg ist. Wirklich. Wie alt bin ich noch mal? Drei? Vier? Ach so, ich bin ja schon fünf! Dasselbe passiert natürlich, wenn sich zwei Charaktere im Film ganz doll liebhaben. Also normalerweise ist meine Mutter ziemlich locker, aber bei so was: Boah, nein!! Die Darstellung von Sex wird mein Bild von der schönsten Sache der Welt natürlich völlig zerstören. So als ob es da noch irgendetwas zu retten gäbe.

- Und müsst ihr immer so tun, als wärt ihr schon neunzig und man würde euch gerade im Altersheim besuchen?

Zum Beispiel, wenn man mit ihnen einen Film schaut: An der spannendsten, der traurigsten oder egal welcher Szene, spätestens nach zwei Dritteln des Films pennen sie gnadenlos ein. Und am nächs-

ten Tag erinnern sie sich an gar nichts mehr und wollen alles noch mal nacherzählt bekommen.
Eltern: »Paul, wer war das mit dem Blick noch mal?«
Ich: »Hä? Wer?«
Papa: »Der mit den schwarzen Haaren!«
Ich: »Ach, sag's doch gleich. Der mit der Nase oder der mit den Augen? Ich hab keinen Plan, wen du meinst.«
Mama: »Och, Mann, das ist fies, nur weil wir uns nicht mehr erinnern können. Du weißt genau, wen wir meinen.«
Ich: »Wisst ihr, wie viele Leute da schwarze Haare haben?«

Ich weiß echt nicht, ob die das ernst meinen. Gestern hat Heidrun mich nach *Game of Thrones* ehrlich gefragt, wie »die mit den Drachen« heißt. Aber na ja, wenigstens wird's dann lustig.

• Ihr könnt so peinlich sein!

Warum nennt ihr mich zum Beispiel »Paulchen« vor meinen Freunden? Ich meine, was soll das denn? Ich heiße Paul. Paul ist 15 und hat haarige Beine, und Paulchen ist vielleicht vier und liebt Süßigkeiten. Und wenn meine Freunde da sind, kommen sie mit offenen Armen auf sie zu und verwickeln sie in ein Gespräch, das gefühlte drei Stunden dauert. Im Ernst? Macht das doch mit euren Freunden.

Es gibt nur eine Sache, die noch peinlicher ist: Wenn ihnen zufälligerweise genau dann, wenn meine Freunde da sind, einfällt, dass ich mein Zimmer noch nicht aufgeräumt habe oder die Spülmaschine noch leer räumen muss. Kann man das nicht wann anders machen? Wenn meine Freunde da sind, dann wollen wir nicht zusammen die Spülmaschine ausräumen. Genauso wie ich euch auch nicht vor euren Freunden daran erinnere, dass ein gewisser Jemand die Wäsche nicht gemacht hat und ich morgen nichts zum Anziehen habe.

● Ihr seid viel zu neugierig!

Wenn ich von der Schule komme und genervt, überstrapaziert oder gar wütend bin, kann ich mich darauf gefasst machen, dass meine Mutter nicht aufhören wird, mich zu löchern, bis ich mit der Wahrheit rausrücke:

Paul kommt nach Hause. Er hat den entscheidenden Elfmeter für das Fußballteam verschossen. Er wirft sich auf sein Bett und will einfach nur vergessen.
Mama: »Hallo? Hey, warum sagst du denn nichts?«
Paul verzieht sein Gesicht zu einer Grimasse: »Hallo, Mama.«
Mama: »Paul, ist irgendwas in der Schule passiert?«
Paul: »Nein!«
Mama: »Hast du Liebeskummer?«
Paul: »Mann, nein, hab ich nicht, und jetzt lass mich bitte in Ruhe!«
Mama: »Aber du hast doch was.«
Paul (zähneknirschend): »Nein, hab ich nicht, und jetzt lass mich.«
Mama: »Hast du eine Arbeit verhauen?«
Paul: »Nein, habe ich nicht. Ich hab einen Elfmeter verschossen. Zufrieden?«
Mama: »Oh. War das wichtig?«
Paul: »NEIN, MAMA!!!!!!!!!!!!! ES WAR HALBFINALE!!!!! Ja, natürlich war es wichtig, wir wären ins Finale gekommen!
Mama (beleidigt): »Ich hab doch nur gefragt.«

- Ihr seid ungerecht!

Ich habe mich gerade so richtig schön auf dem Sofa eingenistet und lese mein wohlverdientes Buch. Na ja, was heißt, verdient, Mathe habe ich noch nicht gemacht, aber das muss auch mal sein. Einfach mal entspannen, das mach ich sowieso zu selten. Als könnte meine Mutter Gedanken lesen, ruft es auch schon aus dem zweiten Stock: »Paul, du hast doch gerade Zeit, könntest du vielleicht zu Edeka gehen und Milch holen?«

Warum immer ich? Ich kann förmlich spüren, wie mein Bruder sich in seinem Zimmer vor Lachen gar nicht mehr einkriegt, weil er sich mal wieder erfolgreich gedrückt hat. Seit er meiner Mutter auf seinem Handy diese Lateinvokabel-App gezeigt hat, kann er jetzt ganz legal das machen, was er auch sonst immer macht. Nämlich nichts. Er könnte meiner Mutter auch ein Bild von Google Maps zeigen, und sie würde ihm abkaufen, dass er damit Latein lernt.

Jetzt weiß ich auch, warum ich nie im Wohnzimmer auf dem Sofa liege. Weil man sich in diesem Haus nicht ausruhen darf. Es gibt immer etwas zu tun, außer man tut so, als würde man lernen, dann ist man von jeglichen sonstigen Pflichten befreit. Ich verfluche mich schon innerlich für meine Dummheit. Aber das ist mal wieder typisch, Eltern, Arbeitseinteilung, das können sie einfach nicht.

Anstatt es so zu verteilen, dass jeder gleich viel machen muss, wird immer der benachteiligt, der sowieso brav und willig ist (ich). Einfach weil sie zu faul sind, sich mit meinem Bruder rumzuärgern, und dann lieber den fragen, vor dem es nichts zu fürchten gibt. Ich meine, mein Bruder macht nur sehr selten irgendetwas, und wenn er dann was macht, gibt es immer Riesenapplaus. Aber ich mach jeden Tag dreimal mehr, und was kriege ich? Mehr Aufträge. Einen Handwerker oder so würde das vielleicht freuen, aber ich finde das einfach ungerecht. Es hängt vielleicht damit zusammen, dass meine Eltern beide jüngere Geschwister waren und ältere Brüder hatten, die sie traumatisiert haben. Deshalb reagieren sie natürlich besonders einfühlsam auf die Wünsche meines kleinen Bruders. Jeder, der Geschwister hat, kennt das. Einer wird immer bevorzugt.

- Alles muss immer »sofort!« passieren

Manchmal vergessen meine Eltern, dass ich ganz allmählich mein eigenes Ding mache.

Mama: »Paul, holst du dir deine Wäsche ab?«
Paul: »Ja, Sekunde!«
Fünf Minuten später. Mama: »Paul, ich hab dir gesagt, du sollst deine Sachen abholen. Jetzt liegen die hier immer noch. Komm sofort hierher!«

Paul: »Sei doch nicht immer so böse. Ich komm doch gleich!«
Mama: »Nein, du kommst jetzt runter!«
Paul: »Nö, komm ich nicht.«
Mama: »Mach nicht, dass ich hochkomme!«
Paul: »Ich hab doch gar nichts gemacht!«
Mama (verzweifelt): »Holst du jetzt bitte deine Wäsche?«
Paul: »Sekunde.«
Mama explodiert.
Paul: »Alles o. k. bei dir?«

- Sie verbieten dir alles

Im Vergleich zu anderen Freunden habe ich echt Glück gehabt. Bei manchen bestimmen die Eltern immer noch, dass sie nur Filme gucken dürfen, die für ihre Altersklasse geeignet sind. Was ja total bescheuert ist, weil die Eltern ihre Kinder so völlig von ihren Freunden isolieren, die alle schon Filme ab 18 gucken dürfen. Wenn man uns das Seriengucken verbietet, ist das ungefähr so, als würde man euch das Zeitunglesen verbieten, und ihr könntet im Büro plötzlich nicht mehr mitreden.

Stellen wir uns mal vor, alle aus deiner Klasse dürfen *True Blood* gucken, nur du nicht, weil deine Eltern es dir verbieten.

Tom:»Hey, Jonas, hast du schon die neueste Folge
geguckt, in der ...«
Jonas:»Stopp, halt die Klappe, nein, habe ich noch
nicht!!! Bitte nicht spoilern, bitte nicht!!! Halt einfach deine Klappe!«
Tom:»Is' ja gut. Bei welcher Folge bist du denn ge-
rade?«
Jonas:»Dritte Season, erste Episode, da, wo Sookie
aus diesem Reich der Feen wiederkommt ...«
Du:»Worum geht's bei *True Blood* eigentlich?«
Jonas:»Das ist so eine Vampir-Serie, bei der halt
auch ganz schön gemetzelt wird. Boah, die Serie ist
so geil!«
Tom:»Ja, Mann, die musst du unbedingt gucken!«
Du:»Ich würd ja gerne, aber meine Eltern wollen
nicht. Ich hab 'ne Kindersicherung auf meinem
Computer, kein Plan, wie ich die wegbekomme.«
Tom:»Hatte ich auch früher in der 2. Klasse.«
Du gehst und fühlst dich wie der letzte Vollidiot.

- Und am wichtigsten: Akzeptiert uns so, wie
  wir sind!

Einer Freundin von mir geht es so. Ihr Vater ist
Bratschist oder wie man das nennt, die Mutter ist
Pianistin und gibt Klavierunterricht. Deshalb muss
meine Freundin natürlich auch ein Instrument be-
herrschen, am besten selbstverständlich Bratsche
und Klavier. Ich meine, klar, bestimmt hatten bei-

de schon tolle Konzerte und Erfahrungen und wollen ihr das auch ermöglichen.

Meine Freundin gibt sich natürlich voll viel Mühe, weil sie ihren Eltern gefallen will, aber irgendwie ist ihr Vater immer unzufrieden. Ich finde, sie kann super spielen, aber ich hab ja auch keine Ahnung. Ständig hat er was an ihr auszusetzen, er ist irgendwie nie zufrieden mit ihr, hier spielt sie nicht sauber genug, da hat sie den Ton nicht getroffen. Sie gibt wirklich ihr Bestes, aber er ist immer nur enttäuscht. Sie fängt schon an, es sich selber übelzunehmen, und meint, sie wäre zu unbegabt. Dabei kann sie auch noch richtig gut malen. Außerdem ist sie ein Mathegenie.

Wenn ich sie frage, sagt sie zwar immer, es sei ihr Traum, mal in der Philharmonie oder in New York zu spielen, aber ich bezweifle, dass das wirklich ihr Traum ist. Dazu kommt noch der ganze Schulstress, weil ihre Eltern da natürlich auch hohe Ansprüche haben. Ich sag ihr immer, sie soll sich mal ein bisschen Freizeit gönnen, aber sie meint, es würde ihr ja Spaß machen, und lässt nicht richtig mit sich reden. Ich dachte, dass sie in der Pubertät anfangen würde, ein wenig klarer zu sehen, aber das macht sie bislang noch nicht. Wir sehen uns sowieso nur noch selten, weil sie immer zu diesen Veranstaltungen muss.

Als wir uns das letzte Mal getroffen haben, ist sie mit mir auf eine Party und hat sich sofort total betrunken. Sie erzählte mir dann völlig aufgelöst, dass sie nächstes Jahr nach Amerika geht, wo sie ein Auslandsjahr an einer Musikschule macht, und dass sie das Gefühl hat, alles nicht mehr auf die Reihe zu kriegen, sie wolle gar nicht auf so eine bescheuerte Schule, dort seien alle viel besser als sie, und sie sei ihren Eltern sowieso egal, weil sie sich die ganze Zeit streiten und genervt sind. In der Situation habe ich einfach versucht, sie zu trösten, aber ich hab auch nicht so viel Ahnung, wie man mit Betrunkenen umgeht. Ich glaub irgendwie nicht, dass das wirklich geholfen hat. Für den Moment vielleicht. Und sie ist ganz bestimmt nicht das einzige Kind, das ich kenne, das den Ansprüchen seiner Eltern nicht gewachsen ist.

Also, wenn ich's mir genau überlege, geht es eigentlich bei allen ernsten Konflikten zwischen Eltern und Kindern darum, dass die Eltern mehr oder weniger stark von ihren Kindern enttäuscht sind, weil die Kinder nicht so sind, wie ihre Eltern das wünschen. Das wird den Eltern vermutlich erst in der Pubertät so richtig klar, wenn die Kinder schon fast erwachsen sind, also nur noch auf minimale Veränderung zu hoffen ist. Und darauf, glaube ich, reagieren Kinder einfach nicht gut. Sie fangen an, mit sich selbst unzufrieden zu werden, obwohl sie gar nichts dafür können, dass sie halt so sind, wie sie sind.

Ich glaub, meine Eltern waren auch manchmal verwundert, dass ihr zweiter Sohn deutschen Gangsta-Rap hörte. Oder sie hätten sich von mir gewünscht, dass ich weniger Fantasy-Bücher und Comics lese, aber inzwischen haben sie sich damit abgefunden. Also: Am besten versucht ihr, euer Kind so zu akzeptieren, wie es ist, sonst zerbricht es an euren Anforderungen.

Dass das nicht immer einfach ist, ist natürlich klar, und somit wären wir dann beim nächsten Kapitel: Erziehungsmethoden.

10

Erziehungsmethoden
und ein paar einfache
Erziehungstipps aus
Sicht eines Betroffenen

Manchmal sind Eltern mit der Pubertät so überfordert, dass sie sich professionelle Hilfe suchen. Hilfe aus einem Buch. Einem Erziehungsratgeber, um genau zu sein. Daran ist nichts falsch. Aber wenn dieses Buch den Kindern in die Hände fällt, ist alles vorbei.

So war es bei mir. Es war ein sonniger Tag, ich war guter Dinge, hatte meine Pflichten in Sachen Schule und Hausaufgaben erfüllt und wollte mich mit einer spannenden Serie zerstreuen. Das Problem war nur, dass dem Computer Strom fehlte. Also begab ich mich auf die Suche nach dem Netzteil. Doch wo ich auch suchte, ich fand es nicht, und mich beschlich der Verdacht, dass meine Mutter es versteckt hatte, um auf diese Weise meine Computerzeit zu verkürzen. Elegant, Mama!

Doch, einen Platz gab es noch, an dem ich noch nicht gesucht hatte, einen Ort, den ich selten betrete: das Schlafzimmer meiner Eltern. Ich nahm die steile Treppe Schritt für Schritt und erreichte so den dritten Stock unseres kleinen Reihenhauses. Ich öffnete die Tür, und da sah ich es. Nicht das Netzteil, ach, wäre es doch nur das Netzteil gewesen! Es lag auf dem Nachttisch meiner Eltern, und eigentlich fiel es mir auch zunächst nicht besonders auf. Erst als mir das Wort Pubertät in die Augen sprang, wurde ich aufmerksam. Es war der Titel eines Buches. Darunter stand, ein wenig kleiner, aber immer noch fett: *Wenn Erziehen nicht mehr geht.* Und dann ganz klein: *Gelassen durch stürmische Zeiten.* Geschrieben hatte es ein gewisser Jesper Juul. Und auf der Mitte des Buches prangten, wie das Böse selbst halb im Schatten verborgen, zwei völlig hässliche Chucks, wie Jugendliche sie gerne tragen.

Ein ungutes Gefühl beschlich mich: Warum mussten meine Eltern ein solches Buch lesen? Waren sie so sehr mit mir und meinem Bruder überfordert? Irgendwie fühlte ich mich auch verraten. Ich meine, was soll das denn? Wenn ihr ein Problem mit mir habt, dann sagt das doch und versucht nicht, die Antworten in irgendeinem Buch zu finden. Meine Eltern haben, als sie es kauften, wohl gehofft, sie bekämen jetzt Kontrolle über mich oder dass sie das hier unbeschadet überleben werden.

Oh nein, meine Lieben, so nicht. Nach der Devise, kenne deinen Feind, beschloss ich, jede einzelne Seite wie einen Schwamm aufzusaugen und sie so ihrer ultimativen Waffe zu berauben. Ich las das Buch, Seite für Seite. Was mir gleich am Anfang auffiel, war, dass Juul sagt, er sei gar kein Erziehungsexperte und die würde es auch gar nicht geben. Da war ich erst mal verwirrt. Auf der Rückseite des Buches wird er nämlich als »Lichtgestalt der modernen Pädagogik« gepriesen, als »einer der bedeutendsten und innovativsten Familientherapeuten Europas«. Aha, also die »Ich bin nicht der Messias! Er ist der Messias!«-Masche aus *Das Leben des Brian*, dachte ich mir. Nicht mit mir. Oh nein! Außerdem hielt er sich mit Antworten eher bedeckt und fand es weitaus wichtiger, erst mal Fragen zu stellen. Lass dir ruhig Zeit, JJ, hast ja noch knappe 200 Seiten! Bei der nächsten Überschrift wurde ich aber richtig stutzig: »Pubertät ist eine Tatsache, keine Krankheit«. Wo er recht hat, hat er recht. Aber dann las ich: »Das Gehirn ist im Umbau.« Deshalb würden wir nicht über die Konsequenzen unseres Handelns nachdenken können. WTF?! Jetzt wirklich, nach Juul ist der Teil des Gehirns, der für das Vorausahnen von Konsequenzen zuständig ist, bei 85 Prozent der Jugendlichen außer Gefecht. Das ist angeblich eine biologische Tatsache, und ich soll das nicht so persönlich nehmen. Kann es bitte sein, dass ich bitte nicht zu den 85, sondern zu den 15 Prozent gehöre?

Ich meine, ich weiß, was Konsequenzen sind. Ein Beispiel: Wenn ich meinen Bruder haue, haut er zurück oder rennt weg. Des Weiteren wird er wahrscheinlich anfangen, wie eine Heulboje rumzuschreien, und da er ein unglaubliches schauspielerisches Talent besitzt, werde ich definitiv Ärger mit meinen Eltern bekommen, aber ich weiß jetzt schon, dass es mir das wert sein wird. Ich finde, das kann man vorausschauendes Handeln nennen. Nichts kaputt! Hoffe ich zumindest.

Bei ein paar Leuten aus meiner Klasse habe ich mich aber ehrlich gesagt schon immer gefragt, was die sich dabei denken, wenn sie laut schreiend Bälle, Kreide, Hefter, Schwämme und was sich sonst noch so werfen lässt, durch die Klasse schleudern. Oder ob es ihnen wie mir geht und ihnen die Folgen ihrer Taten zwar bewusst, aber meistens einfach scheißegal sind. Ich glaube nämlich schon, dass wir Jugendlichen über Konsequenzen nachdenken können. Kann es sein, dass die Vorstellung, dass bei uns biologisch was nicht stimmt, Erwachsenen hilft, uns besser zu ertragen? Die Wahrheit ist, dass uns Regeln, Grenzen und Konsequenzen einfach selten kümmern.

Also ist doch was kaputt? Das ist schwer zu beurteilen, weil ich ja zu den Betroffenen gehöre. Aber es ist eine tolle Ausrede. Wenn ich das nächste Mal Ärger habe, sage ich einfach, dass mit meinem Gehirn was nicht stimmt. Danke, JJ!

Als Gegenspieler meiner Eltern kann ich dieses Wissen natürlich super verwenden. Bei nächster Gelegenheit werde ich es ausprobieren:

Paul: »Mama, ich fühl mich krank.«
Mama: »Was hast du denn?«
Paul: »Weiß ich nicht.«
Mama: »Wo tut es dir denn weh?«
Paul: »Mein Kopf fühlt sich komisch an.«

Mama: »Du hast also Kopfschmerzen, sag das doch gleich. Ich hol dir eine Kopfschmerztablette.«
Paul: »Nein, das hilft nicht. Es ist so, als würde jemand etwas in meinem Kopf bauen. Nein, bauen ist das falsche Wort. Eher so, als würde etwas umgebaut werden. Verstehst du?«
Mama: »Paul, was erzählst du da? Hast du etwa …?«
Sie beugt sich vor und guckt mir misstrauisch in die Augen. »Nein, deine Pupillen sehen völlig normal aus. Vielleicht sollten wir wirklich mal zum Arzt gehen.«
Paul: »Es ist, als würde mein Gehirn nur zur Hälfte funktionieren. Ich glaub, deswegen bin ich auch in Mathe so schlecht geworden.«
Mama: »Das ist doch Quatsch, was erzählst du denn da?«
Paul: »Glaubst du, dass man von der Pubertät krank werden kann?«
Mama: »Nein, glaube ich nicht. Und jetzt erzähl mir endlich, was los ist.«
Paul: »Magst du mich eigentlich noch, obwohl ich jetzt in der Pubertät bin?«
Mama: »Ja natürlich, warum fragst du denn so was?«
Paul: »Bin ich sehr anstrengend?«
Mama: »Manchmal.«
Paul: »Das tut mir leid.«
Mama: »Das muss es nicht, ist halb so schlimm.«
Paul: »Ich kann halt nicht so gut über Konsequenzen nachdenken.«

Mama: »Wer hat dir denn den Mist erzählt?«
Paul: »Das hat mir niemand erzählt, das habe ich gelesen.«
Mama: »Und wo bitte?«
Paul: »In dem Pubertätsbuch, das ihr oben bei euch habt. Bin ich so schlimm, dass man ein Buch braucht, um mit mir klarzukommen? Verstehst du mich wirklich so schlecht?«
Mama: »Paul, es tut mir so leid! Ich wollte doch nur mal gucken, was der so schreibt. Da stehen ein paar gute Sachen drin!«
Paul: »Du hast mich nicht mehr lieb!«
Mama: »Paul, sag doch so was nicht. Du weißt doch, dass ich dich gern hab.«
Paul: »Warum kaufst du dann so ein Buch?«
Mama: »Ich weiß nicht, es tut mir so leid.«
Perfekt! Ziel erreicht, jetzt kann ich mir alles wünschen:

Paul: »Schon o. k., kannst du mir eine Musikanlage holen?«
Mama: »Nein, warum?«
Paul: »Na ja, meine alte ist doch kaputt, und ich dachte ...«
Mama: »Die kannst du dir schön selber kaufen.«
Naja, fast alles.

War nur ein Scherz, aber nerven tut es schon, dass alle so tun, als wären wir neben den Salafisten die problematischste aller menschlichen Gruppen.

Wenn man einen Zeitschriftenladen betritt, starrt einen garantiert auf einem Spezialheft zum Thema Pubertät ein trotzig guckender Junge oder ein herausfordernd dreinblickendes Mädchen an. Unsere Kinder, wer sind sie wirklich? Unser Gehirn ist nicht nur im Umbau, sondern auch möglicherweise geschädigt durch zu frühen Pornokonsum und Dauerzocken. Wir wissen angeblich nicht, was Zärtlichkeit ist, erleben keine echten Herausforderungen mehr, und die Jungs kommen sowieso viel schlechter mit allem zurecht als die Mädchen. Es klingt, als wären wir so etwas wie eine minderwertige Vorstufe des *Homo sapiens*. Ich frag mich manchmal wirklich, ob diese ganzen fluchenden und schimpfenden Rentner verdrängt haben, dass sie mal ganz genauso drauf waren wie wir. So abnormal können wir doch gar nicht sein?

Juul hat das trotz seines hohen Alters nicht vergessen. Er sieht Jugendliche als Menschen, das gefällt mir an seinem Buch. Im Ernst, es gibt ein paar Sachen, die man sich meiner Meinung nach bei JJ abschauen kann: Dass man seine Kinder nicht kontrollieren soll. Dass Eltern zulassen sollen, dass Kinder eigene Erfahrungen machen. Dass man damit leben soll, dass in Familien halt allerhand schiefläuft und Kinder eben nicht perfekt sind. Es ist wie im richtigen Leben – es gibt selten eine hundertprozentige Lösung. Insgesamt scheint Juul also das zu sein, was er nicht sein will: ein Erziehungsexperte. Er ist zwar ein wenig outdated,

Tipps zu Computerspielen fehlen zum Beispiel, aber ansonsten ist er ein schwer okayer Bursche. Was ich mich aber trotzdem bei der Lektüre die ganze Zeit gefragt habe: Warum sind die Erwachsenen so hilflos, warum verstehen sie uns so schlecht? Ich meine, die haben die Pubertät doch selbst mal erlebt? Was ist so schwer daran, sich in die Situation zurückzuversetzen? Vielleicht haben sie auch schon vergessen, wie es war. Aber warum wenden sie sich dann an jemanden, der genau dieselben Probleme hat wie sie, und nicht direkt an ihre Kinder? Okay, weil wir maulfaul und zickig sind, wenn sie mit uns reden wollen.

Damit es keine Missverständnisse gibt, hier zehn Gebote, die meine Eltern im Umgang mit mir befolgen sollten, wenn sie meine Pubertät gut überstehen wollen:

1. Lasst mich in Ruhe

2. In meinem Zimmer habt ihr somit nichts verloren, außer:
   - ihr bringt frische Wäsche oder Frühstück ans Bett
   - es ist ein Notfall, und jemand ist in ernster Gefahr
   - ich habe verpennt, und ihr wollt mich für die Schule wecken
   - es gibt Kuchen
   - ihr wollt eine Audienz

3. Ich nehme keine Befehle entgegen, sondern antworte, wenn überhaupt, auf Bitten oder gut gemeinte Ratschläge.
Es liegt aber in meiner Hand, ob ich diese befolge oder missachte, denn ich muss schließlich die Konsequenzen tragen. Das heißt auch, dass ich mein Zimmer nur aufräume, wenn ich es will, und nicht, wenn es euch gerade passt.

4. Macht mir Essen, wenn ich hungrig bin.

5. Unterschreibt schlechte Noten zügig. Stellt nicht zu viele Fragen und macht mir keine Vorwürfe.

Ich weiß normalerweise, woran es lag, und wenn nicht, frage ich um Hilfe.

6. Versucht mich nicht zu Sachen zu zwingen, auf die ich keine Lust habe. Sonst rede ich nicht mehr mit euch.

7. Haltet zu mir, egal, was ich mache. Ich brauche eure Hilfe noch, auch wenn ich es euch so offen nicht sagen kann. Ich versuche nämlich gerade unabhängig zu werden, und wenn ich euch um Unterstützung bitte, wird diese Illusion vernichtet.

8. Versucht euch nicht allzu viele Sorgen zu machen.

9. Ich mach das alles nicht zum Spaß oder um euch zu verletzen, sondern weil es der einzige Weg ist. Also nehmt es mir nicht allzu krumm.

10. Egal, was passiert und wie es aussehen mag: Ich hab euch immer noch lieb.

11

Pubertäre
Stimmungsschwankungen:
Wie ernst man sie
nehmen sollte

In der Pubertät geht es einem ja ziemlich oft scheiße. Man hat Stress, Liebeskummer, Pickel. Alle wissen von diesen besonderen Zuständen, weshalb
man ziemlich häufig den Satz sagt: Mir geht es gerade nicht so gut. Bevor ich zu diesem wirklich
ernsten Thema komme, eine Entwarnung: Nicht
immer bedeuten diese Worte, dass es uns tatsächlich nicht gut geht. Meistens sind sie einfach eine
Ausrede für eine missratene Arbeit oder um zu
Hause rumhängen zu können, wenn deine Eltern
am Sonntag mit dir ins Naturkundemuseum wollen, bevor du endgültig zu alt dafür bist. Da muss
man sich als Eltern einfach nur überlegen, ob man
sein Kind quälen oder in Ruhe lassen will.

Aber manchmal hat man noch was anderes.
Man hat weder Kopfschmerzen noch Bauch-
schmerzen, trotzdem ist man schlecht drauf. Man
hat keinen Liebeskummer, und das Haustier ist
auch nicht gestorben, aber du bist traurig. Man
sollte eigentlich Hausaufgaben machen oder überhaupt irgendetwas, stattdessen liegt man auf dem
Boden seines Zimmers, starrt die Decke an und
fragt sich, was für einen Sinn das alles überhaupt
hat. Man will schreien, weinen, irgendwas tun,

aber stattdessen bleibt man liegen und bemitleidet sich selber. Man ist depressiv.

Ich denke, jeder war schon mal traurig oder frustriert, ohne wirklich zu wissen, warum. Manche haben es, glaube ich, stärker, andere schwächer. Ich selber würde mich auf einer Skala von 1 (lustlos) bis 10 (Selbstmordgedanken) ungefähr bei 5 einordnen. Das Problem ist, dass die meisten denken, dass depressiv gleich suizidal heißt oder dass man sich dann ritzt. Dabei können Depressionen genauso wie eine Erkältung unterschiedlich stark sein. Mal hat man einen Schnupfen, mal hat man eine fiese Grippe oder eine nervige Halsentzündung, die immer wieder kommt. Mal gibt es irgendwelche bescheuerten Gründe, dann wieder kommt es völlig unerwartet. In einem Film, den ich geguckt habe, wird es als Untertauchen oder Abtauchen bezeichnet, was ich sehr passend finde. Wie eine riesige Welle schwappt es über dich und droht dich zu ersticken.

Von einem Moment auf den anderen wird mir alles zu viel, und ich kann mir gar nicht vorstellen, das mit dem Leben so richtig hinzukriegen. Bei mir hilft drüber reden am besten oder traurige/ schöne Filme gucken oder Sport machen, um auf andere Gedanken zu kommen. Mal verschwindet es dann so schnell, wie es gekommen ist, mal will es einfach nicht weggehen.

Man braucht auf jeden Fall jemanden zum Reden, jemanden, der auf einen zukommt. Denn manchmal kommt man ohne die Hilfe oder den Arschtritt von Freunden oder Familienmitgliedern einfach nicht mehr raus. So geht's mir zumindest. Lieber jemand, der direkt sagt, dass es ihn ankotzt, dass ich die ganze Zeit nur auf dem Sofa liege und vor mich hin brüte, als jemand, der mich vorsichtig fragt, ob ich nicht Lust hätte, etwas Sinnvolles zu tun. Obwohl es für andere schwer ist, richtig zu reagieren.

Auf Facebook habe ich erfahren, dass ein Mädchen, das früher mal in meinen Kindergarten gegangen ist, schwer depressiv ist und wirklich

Selbstmordgedanken hat. Sie hatte auf ihrer Seite als Hintergrundbild so ein richtig düsteres Foto mit einem abgestorbenen Baum, Krähen und einem Grabstein dahinter, daneben stand so was wie *Someday I just won't wake up and my suffering will have an end.*

Ich weiß wirklich nicht, wie man da reagieren soll. Einerseits ist das schon so was wie ein Hilferuf, andererseits weiß man auch nicht, wie ernst es jemandem wirklich ist. Am Ende kennst du die Person ja eigentlich gar nicht. Vielleicht brauchte sie die entsetzten Kommentare auf Facebook auch, um zu wissen, dass es eine Menge Leute gibt, die sie vermissen würden. Soll ich einfach im Chat schreiben: »Hey, ich hab das Gefühl, dass du dich umbringen willst, stimmt das?« Man darf ja auf gar keinen Fall was Falsches sagen.

Was Leute letzten Endes dazu treibt, sich zu ritzen und sogar Selbstmordgedanken zu haben, werde ich mir jetzt wirklich nicht anmaßen zu erklären. So etwas hatten wir auch noch nie in Bio oder überhaupt in der Schule. Wahrscheinlich ist das Thema viel zu wichtig, als dass man sich im Unterricht darüber Gedanken machen würde.

Meiner Meinung nach müssen schon viele Dinge zusammenkommen, und eine gewisse Anlage braucht man wahrscheinlich auch, dass einem in den Sinn kommt, nicht mehr leben zu wollen. Ich glaube, es sind vor allem Leute mit extrem schlechtem Selbstwertgefühl, die von vielen run-

tergemacht werden, bei denen es so weit kommt.
Wenn man keine Eltern hat, die einen lieben, dann
muss es einem auch ziemlich dreckig gehen. Außer
ein paar Freunden und unseren Eltern, für die wir
die ganze Welt bedeuten sollten, haben wir ja in
unserem Alter noch niemanden. Und wenn man
sich selber deswegen dann nicht so akzeptieren
und lieben kann, wie man nun mal ist, dann frage
ich mich, was einen von dem »einfachen Weg« noch
abhält.

So richtig schlimm war es bei mir zum Glück
noch nie. Ich bin nur manchmal megafrustriert,
unausgeglichen und schlecht drauf, und das alles
verstärkt, seit ich in der Pubertät bin. Nicht jeder
traut sich, gleich einen Psychologen aufzusuchen,
auch wenn das eine super Lösung ist. Jemand Ob-
jektives, der eine andere Sicht auf die Dinge hat
und der dich völlig unvoreingenommen einschät-
zen kann, ist in so einer Situation sehr hilfreich.
Ihm fallen vielleicht Sachen auf, die dir nie in den
Sinn gekommen wären, oder Dinge, die dir völlig
normal vorkommen, es aber gar nicht sind.

Es hört sich natürlich schon ein bisschen krass
an, wenn man von einem Psychologen redet. Man
hat vielleicht das Bild eines alten Mannes mit Kit-
tel vor sich, ihm gegenüber ein Wahnsinniger, der
apathisch ins Leere starrt. Wobei ein Psychologe
eigentlich nur eine Art angenehmer Zuhörer ist,
der hier und da mal Fragen stellt. Allein es sich von
der Seele zu reden, hilft meistens schon. Man kann

sich natürlich einreden, dass es so schlimm ja gar nicht sei und man das schon alleine hinkriegt, aber das ist bei richtig üblen Depressionen nicht der Fall. Ich spreche hier aus eigener Erfahrung. Es fällt mir ungemein schwer, auf Ratschläge anderer Menschen einzugehen, wenn ich es aber tue, kommt meistens auch was ganz Gutes dabei raus. Über seinen Schatten springen ist das richtige Wort. Das erste Mal ist es am schwersten, und mit der Zeit wird es ein winziges bisschen einfacher, darüber zu reden. Aber es ist wirklich jedes Mal eine Herausforderung.

Meine Eltern haben damals ziemlich schnell gemerkt, was los war, wofür ich ihnen immer noch sehr dankbar bin. Sie sind sofort auf den Punkt gekommen. Meine Mutter hatte in meinem Alter dasselbe Gefühl. Normalerweise ist es schwer, über so etwas mit seinen Eltern zu reden. Man braucht eigentlich ein wenig Distanz zu ihnen, aber es ist hilfreich, wenn es jemanden gibt, der genau weiß, wovon du redest, weil er genau dasselbe auch schon durchgemacht hat. In solchen Momenten ist es wirklich gut zu wissen, dass man nicht komplett alleine mit seinen Problemen ist.

Was nicht heißen soll, dass Eltern ihrem Kind hinterherspionieren und seine Tagebücher lesen sollten. Sondern dass sie einfach wirklich versuchen sollten mitzukriegen, wie es ihm geht. In diesem Fall ist Fragen aufs Ausdrücklichste erwünscht und erlaubt, sogar wenn derjenige sich dagegen

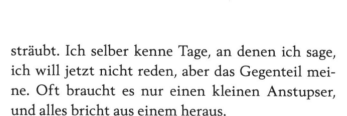

sträubt. Ich selber kenne Tage, an denen ich sage, ich will jetzt nicht reden, aber das Gegenteil meine. Oft braucht es nur einen kleinen Anstupser, und alles bricht aus einem heraus.

Also, Fragen ist in diesem Fall gut, und Reden hilft wirklich. Wenn einen die Eltern nicht verstehen und man nicht gleich zu einem Psychologen gehen will, dann gibt es vielleicht so etwas wie einen Vertrauenslehrer an der Schule oder einen Trainer beim Sport, mit dem du dich gut verstehst. Oder einen richtig guten Freund, dem du alles erzählen kannst, weil er immer zu dir hält. Man muss für sich herausfinden, was einem am besten hilft. Und man muss lernen, mit seinen Problemen und Macken zu leben, und zwar so, dass man mit sich und den Menschen, die man gerne hat, klarkommt. Man darf dabei auf keinen Fall verzweifeln und aufgeben, sondern muss immer wieder aufstehen und an sich selber weiterarbeiten. Ich glaube nicht, dass es mit dem Ende der Pubertät wie auf Knopfdruck leichter wird, denn schließlich hält jede Phase des Lebens Herausforderungen bereit. Was ist daran einfach, einen Job zu finden, zu dem man noch Jahre danach hingehen muss?

Ich glaube aber, dass es mit zunehmendem Alter und zunehmender Erfahrung besser wird. Man weiß irgendwann, wer man ist und wie man sich helfen kann. Also: Mit der Zeit wird das schon.

12

Ich und die anderen:
Ja, es gibt Dinge,
die uns wichtig sind

Die Lehrer sagen, wir seien leidenschaftslos, unsere
Eltern halten uns für Langweiler. Ständig wird uns
vorgeworfen, dass uns nichts interessiert und dass
wir immer so passiv sind. Wir sind alle konsumori-
entierte, von Marken und von WLAN abhängige
Zombies, die sich durch ihre Welt quälen und am
Wochenende bis 15 Uhr schlafen. Ohne WhatsApp
und Skype sind wir alleine. Wir können nur noch
über Videos bei Facebook lachen und uns nicht länger als zehn Minuten auf irgendwas konzentrieren.
Weil Informationsbeschaffung im Internet so
schnell geht, sind wir es auch nicht mehr gewohnt,
zu warten oder uns etwas zu »erarbeiten« und deshalb ungeduldig. Und was ist uns Zombies eigentlich wichtig? Unser Handy? Eine gute Internetver-
bindung? Ein McDonald's in der Nähe?

Gibt es wirklich Leute, die so über uns denken? Die uns nicht als Menschen wahrnehmen,
sondern als Plage? Wenn ja, dann möchte ich hier
ein für alle Mal klarstellen, dass wir echte Menschen sind. So wie alle anderen Leute auf der Welt
haben wir Wünsche und Träume und vor allem
Ziele. Und nur weil wir alle dasselbe Handy haben
oder wir uns ähnlich kleiden, teilen wir uns doch

noch lange nicht ein großes Gehirn. Wir sind so unterschiedlich, wie Menschen es nun mal sind, auch wenn wir uns große Mühe geben, das zu verschleiern. Jeder Mensch ist anders, das ist doch eigentlich klar. Mein Ziel ist es zum Beispiel, eine eigene Comicserie auf die Beine zu stellen, mein Bruder dagegen will vielleicht mal was mit Autos machen, mein Kumpel Fred will Rugby-Nationalspieler werden, und andere wissen noch gar nicht genau, was ihr Ziel ist. Wir alle stehen ja auch erst am Anfang.

Manche von uns sind ehrgeizig und machen jede Hausaufgabe, weil sie später einen super Uniabschluss in Harvard oder Oxford erreichen wollen. Andere haben Angst, überhaupt etwas außerhalb der eigenen Stadt zu machen. Einige gehen sogar noch nach der Konfirmation weiter zur Kirche. Viele von uns sind sehr ehrgeizig. Und unsere Eltern auch. Sie wollen, dass wir gute Noten schreiben, gut Fußball spielen, gut malen oder was auch immer. Sie wollen, dass wir immer das Beste geben. Also haben die meisten von uns jeden Tag in der Woche mindestens einen Freizeittermin, ob täglich Tennis plus Turniere am Wochenende oder dreimal die Woche Klavier und dazu noch zweimal Fußball. Schließlich muss man, um richtig gut in etwas zu werden, Zeit und Mühe investieren. Für den einen mag das o. k. sein, für manche ist es richtig Stress.

Vor allem bei Sportarten wie Fußball und Hockey fängt auch das ganze Konkurrenzdenken schon früh an: erste oder zweite Mannschaft, Startelf oder Auswechselbank, dazu noch Druck von den Eltern, die anscheinend auch einen Mesut oder Poldi in der Familie haben wollen. Für manch einen ist allein der Druck schon Grund genug aufzugeben. Mich selber hat das auch ziemlich belastet. Ich hab ein paar Tennis-Verbandsspiele absolviert, gegen Leute aus anderen Vereinen. Da tritt dir dann so ein kleiner Junge in weißer Tenniskleidung entgegen mit einer Tasche, die zweimal so groß ist wie er selber. Auf der Bank sitzt der Vater, der Befehle an seinen Sohnemann brüllt, er solle sich gefälligst konzentrieren, sich mehr anstrengen, was weiß ich. Da ist es mir wirklich vergangen. Ich meine, der Junge ist vielleicht 2000er und ein Strich, wie soll er denn bitte meine Bälle zurückbringen? Jedenfalls sind solche Erlebnisse einer der Gründe, warum ich Sportwettbewerbe nicht so gerne mag. Ich hasse dieses verbissene, verzweifelte Gekämpfe. Selbst wenn du am Ende gewinnst, fühlst du dich scheiße, weil du weißt, dass der Vater auf der Rückfahrt im Auto seinen Sohn anmotzen wird und von ihm enttäuscht ist.

Was uns auch noch wichtig ist, sind unsere Freunde und Familie – nicht das neueste iPhone. Als sich ein Freund in meiner Klasse das Schlüsselbein gebrochen hatte, habe ich ihn zweimal mit unterschiedlichen Leuten im Krankenhaus besucht. Auch mein Bruder lag mal für eine Woche dort wegen seines Blinddarms. Ich war fast jeden Tag da und hab ihm *Batman*-Comics gebracht. Die hat er zwar nie gelesen, weil es Sky auf seinem Zimmer gab, aber trotzdem. Wenn's drauf ankommt, halten wir alle zusammen.

Und auch für die Zukunft interessieren wir uns, schließlich müssen wir in dieser Welt leben. Auch wenn die meisten, die ich kenne, nicht gerade bereit sind, viel dafür zu tun. Ich dachte immer, ich sei »sozial«. Dabei war ich noch auf keiner Demo oder hab irgendwas politisch gemacht. Ich hab mir noch nicht mal den »Atomkraft? Nein danke«-Sticker geholt, den nach Fukushima fast alle hatten. Ich kaufe sogar bei H&M, wo die Arbeitsbedingungen bei der Herstellung bestimmt nicht toll sind. Ich wüsste jetzt aber auch keinen Laden, in den ich stattdessen gehen könnte.

Bin ich bereit, gegen irgendwas zu protestieren? In eine Partei zu gehen, etwas zu verändern? Nein. Ehrlich gesagt, stell ich einfach auf Durchzug und versuche meine Energie nicht an etwas zu verschwenden, auf das ich sowieso keinen Einfluss habe. In meiner Klasse gibt es auch niemanden, der am ersten Mai Neonazis verprügeln geht oder sich mit Flüchtlingen auf die Straße setzt, um auf deren Probleme aufmerksam zu machen. Also auf Facebook gibt es schon ein paar Leute, die zu so was aufrufen. Aber es ist einfacher, einen Beitrag zu irgendwas zu liken oder bei der Seite der Grünen ein »Gefällt mir« zu hinterlassen, als den

Arsch vom Sofa zu bewegen oder gar das Haus zu verlassen.

Eigentlich sind wir politisch alle noch sehr stark von unseren Eltern beeinflusst. Ich selber stehe zwischen SPD und Grünen. Meine Eltern wählen die Grünen, nicht weil sie Hippies oder Weltverbesserer sind, sich besonders für Politik interessieren oder auch nur einen Grünen-Politiker mit Namen kennen, sie tun es aus Prinzip. Sie sagen, die Grünen waren die Ersten, die auf die Umwelt, Energie und so was aufmerksam gemacht haben. Heutzutage schreibt sich das ja jede Partei auf die Flagge, Atomkraft und Kohle sind out. Das hat sogar die CDU gecheckt. Mir ist es relativ egal, wer da jetzt sitzt. Hauptsache er denkt ein wenig nachhaltiger als seine Vorgänger.

Unser Klassenlehrer mahnt uns immer, dass wir wertschätzen sollen, wie gut wir es haben. In Deutschland sei noch nie so lange Frieden gewesen wie heute. Was das Wertschätzen betrifft, hat er meiner Meinung nach auch recht. Uns geht es so gut, dass es gar nichts gibt, wofür wir dringend kämpfen wollten.

Andererseits gab es früher auch viel mehr, was einen wirklich direkt betroffen hat. Die 68er zum Beispiel, die uns immer als leuchtendes Vorbild dafür genannt werden, wie aktiv Jugendliche früher mal waren. Die hatten ja auch Grund zu protestieren: Nazieltern, überhaupt alte Nazis an allen Ecken und Enden. Da war so viel kaputt und falsch, da wäre ich wahrscheinlich auch auf die Straße gerannt und hätte einfach alles rausgeschrien. Aber heute, was soll man denn da rufen und an wen gerichtet? Mehr Geld für alle, Fuck Rassismus, Fuck NSA, Fuck Atomkraft! Keiner mag mehr Atomkraft, niemand außer ein paar Gestörten ist ernsthaft rassistisch oder homophob. Alle hören Macklemores Lied *Same Love*, in dem er sagt, warum er für Gleichberechtigung von Homosexuellen ist. Und in jeder Klasse sind Kinder, deren Eltern nicht in Deutschland geboren wurden. Es hat sich einfach alles normalisiert.

Erst vor kurzem habe ich einen Artikel gelesen, in dem den Studenten vorgeworfen wurde, dass sie zu angepasst seien. Sie würden von ihren Professoren zum Beispiel immer ganz genau wissen wollen, welchen Zeilenabstand sie einzuhalten hätten, statt sich fürs große Ganze zu interessieren oder sogar zu rebellieren.

Ich glaube, ich weiß auch, woran das liegt. Wenn man von der Grundschule aufs Gymnasium kommt, geht es mit den Tausenden aberwitzigen Vorgaben nämlich schon los: Bei dem Mathelehrer müssen die Pfeile lang und spitz sein und dürfen auf gar keinen Fall ausgemalt werden, sonst gibt es Punktabzug, in der Physikstunde gilt das komplette Gegenteil. Der eine Lehrer will mindestens vier Zentimeter Abstand zum Rand, der andere das halbe Blatt, dem dritten Lehrer ist es scheißegal, Hauptsache, du schreibst was hin. Und wenn man es ihnen nicht recht macht: Punktabzug, Fehler, äußere Form, eine Note schlechter. Die meiste Zeit verbringt man als Schüler also damit, irgendwelche merkwürdigen Vorgaben zu erfüllen, die mit Inhalten nichts zu tun haben. Da muss man sich dann auch nicht wundern, wenn wir nach der Schule nicht gleich die ganze Gesellschaft in Frage stellen.

Weil ich mir beweisen wollte, dass ich kein völlig desinteressierter Zombie und Kosumsuchti bin, und weil ich einfach neugierig war, habe ich mich neulich mit einem Team zu den Schulsprecherwahlen aufstellen lassen. Unsere Gegner: die Junge Union. Und die nahmen das ernst. Ich wusste vorher gar nicht, dass es wirklich noch Leute gibt, denen Politik so wichtig ist. Aber jetzt weiß ich's. Sie hielten lange Reden, schüttelten sich vor der Wahl ernst die Hände, und auch sonst war alles perfekt einstudiert wie im Fernsehen. Auf jeden Fall hatte das andere Team eine ziemlich gute Rede vorgelegt: Es ging darum, etwas mit seiner Stimme zu verändern und nicht die Loser aus dem letzten Jahr (die eigentlich gar nicht schlecht waren) wiederzuwählen. Sie haben sehr ernst ins Publikum geguckt, lange geredet und immer wieder aufs Podest gehauen, damit kein Zuhörer einschläft. Zum Schluss haben sie Gummibärchen verteilt. Ziemlich gerissen. Außerdem gab es viele völlig unerfüllbare Wahlversprechen, so wie bei richtigen Wahlen.

Wir waren eher realistisch aufgestellt, was dann auch unser Untergang war. Wir haben den Leuten halt gesagt, was wir machen können (Fußballturnier, Projekttage, Schülervertretungsfahrt) und was nicht (Snackautomaten, Schüler der 5. bis 9. Klassen dürfen in Freistunden nach Hause). Und so viel kann man in einem Jahr nun mal nicht verändern. Am Ende haben die anderen mit doppelt so vielen Stimmen gewonnen.

Und so endete mein erster Versuch, mich politisch zu engagieren.

Dank

Beim Schreiben dieses Buches war ich nie allein. Es gibt unglaublich viele nette und hilfsbereite Menschen, die mir geholfen haben und ohne die es nie und nimmer so weit gekommen wäre. Bei ihnen möchte ich mich bedanken. Und dann gibt es die Leute, die in diesem Buch unwissentlich oder gar gegen ihren Wunsch vorkommen. Bei ihnen möchte ich mich entschuldigen.

Ich fange mit den Entschuldigungen an, weil ich ein wirklich schlechtes Gewissen habe. Als allererstes will ich mich bei meinen Eltern entschuldigen. Ich musste euch als Beispiel für verwirrte Eltern benutzen. Dass ich dabei eure besten Eigenschaften unterschlagen und manche negative hinzugedichtet habe, macht mir zu schaffen. Ihr seid die tollsten Eltern auf der Welt. Aber das wisst ihr ja schon.

Auch bei meinem Bruderherz muss ich mich

entschuldigen. Zwar bist du der einzige Mensch, der mich immer wieder so richtig schön verarscht und mich völlig aus der Fassung bringen kann. Nein wirklich, du bist genial! Und faul. Aber du bist und bleibst mein genialer Bruder.

Nun zu meiner Schule. Wo fange ich da bloß an? Am besten bei den Mädchen. Mädchen, es tut mir leid, wirklich. Und zu den Jungs: Manchmal könnt ihr übelst nerven, und manchmal kann ich auch ganz schön nerven, aber tief in euch drin, da seid ihr korrekt. Jeder von euch. Ihr seid korrekte Kumpels. Das gilt übrigens auch für die Mädchen. Dann zu den Lehrern. Vor allem meine Chemie-Lehrerinnen kommen hier nicht gut weg. Wenn ich ganz ehrlich bin, hat mir Chemie auch schon vor *Breaking Bad* ein klein wenig Spaß gemacht. Aber das wisst ihr ja auch.

Jetzt zur Danksagung. Fangen wir mal chronologisch an. Alles hat mit einem Praktikum beim *Zeitmagazin* begonnen und ist von da aus explodiert. Also mache ich hiermit die gesamte Redaktion für dieses Buch verantwortlich! Ein großer Dank geht natürlich an den Chef, Christoph Amend, danke Christoph, dass du mir diese Chance gegeben hast. Dann an die Frau, ohne die ich gar nicht erst das Praktikum bekommen hätte: danke Christine Meffert. Und jetzt zur großen Fadenzieherin selbst, auch einfach »Master Mind«: Heike Faller. Das war Teamwork. Danke Heike, dass du dir die Zeit für mich genommen hast. Weiter geht es mit Alexander Simon. Ohne dich wäre ich nicht mal im Traum darauf gekommen, ein Buch zu schreiben. Danke auch für die schöne Zeit in den Herbstferien, in der ich bei dir in der Agentur ungestört schreiben konnte und so viele nette Leute kennengelernt habe. Bedanken will ich mich bei meiner Lektorin Bettina Eltner und dem Ullstein Verlag. Danke Bettina, dass du mich bei meiner Arbeit so gut unterstützt hast und immer neue Ideen für das Buch hattest. Und natürlich geht auch ein großer Dank an das gesamte Ullstein-Team.

Und dann wären da noch die Leute außerhalb der Buchbranche, bei denen ich mich bedanken möchte: ein mysteriöser Ritter, ein Holzhacker und ein Tänzer, allesamt professionelle LoL-Spieler, die mich in ihre geheimnisvolle Welt eingeweiht haben. Und alle Leute, die ich zum Thema WhatsApp genervt habe.

Schließlich möchte ich mich noch bei allen bedanken, durch die ich die Erfahrungen sammeln konnte, über die ich in diesem Buch erzählt habe.